Dymu

HUGH ELLIS Y BERTHFAWR
Y PRYDYDD DWYS A DONIOL

Hugh Ellis y Berthfawr

Y Prydydd Dwys a Doniol

Huw Ellis

Argraffiad cyntaf: 2024
(h) Huw Ellis 2024

Rhif rhyngwladol: 978-1-84524-565-8

Cynllun y clawr: Lynwen Jones
Llun clawr: golygfa tuag at Berthfawr – rhan o baentiad tirlun
tua 1995 gan David Wynn Millward
Llun cefn: Hugh Ellis gyda Lewys a Thomas ar ddiwrnod golchi defaid
ym Moeldrehaearn

Argraffwyd gan Wasg Carreg Gwalch

Argraffwyd a chyhoeddwyd yng Nghymru

Er cof am fy nhad, Wynn Jones Ellis, fy nhaid a'n nain, Caradog ac Edith Ellis, a disgynyddion ymadawedig eraill o dylwyth Hugh Gruffydd Ellis; byddent yn falch fod y farddoniaeth a'r hanes wedi gweld golau dydd.

Rydym bob un ohonom yn gyfanswm o lawer o bethau, ein hetifeddiaeth, ein cartrefi a'n teulu, ein cymuned, a'r bobl sy'n gwneud y gymuned honno. Cyfoethogir ein bywyd gan y bobl rydym yn cwrdd â nhw ar y daith, a phan adawant, fe'n bendithir gan atgofion.

Eluned Davies, gynt o Goedtalog, Llanerfyl

Cydnabyddiaeth

Diolch i'm mam, Joyce Ellis, am ei chefnogaeth ynghyd â'r cymorth o ran gorffen y gwaith o greu copi o *Lyfryn Du* Hugh Ellis.

Diolch i'm gwraig, Dinah Ellis, am sylwadau, cefnogaeth ac anogaeth. Diolch i Elain Haf Elis, Osian Prys Elis a Non Enlli Elis am eu cefnogaeth, eu hadborth a'u sylwadau gwerthfawr.

Diolch i'm chwiorydd Siwan Wyn Head a Siân Ellis-Jones am eu cefnogaeth, eu hadborth a'u sylwadau gwerthfawr.

Diolch am straeon, atgofion a gwybodaeth gan Llinos Rees ynghyd â'r 'Ddadl', trawsgrifiad o raglen radio BBC ar 'Gantref Mathrafal', a phenillion Gwladys Williams gynt o Bentre Bach, Y Foel.

Diolch am straeon, atgofion a gwybodaeth gan Laura Richards ynghyd â llinellau, penillion a rhigymau o waith Hugh Ellis.

Diolch i Catherine Bennett am benillion ei mam, sef Blodwen Morris, Llwydcoed ynghyd â phenillion ei dwy fodryb, sef Winnie Roberts a Gwladys Williams, gynt o Bentre Bach, Y Foel.

Diolch am adborth, atgofion, gwybodaeth a straeon gan Eldrydd Edwards, Aled Ellis, Gwenan Ellis, Elen Rhys, Alwyn Hughes, Joyce Davies, Emyr Davies, Buddug Bates, Aled a Marian Rees, Huw Thomas Jones, Dafydd Richard Jones, John Roberts, John Maldwyn Jones, Mair Edwards, Dwynwen Jones, y Parch. Gwyndaf Richards a'r diweddar John Ellis, Berthfawr.

Diolch i staff Llyfrgell Y Drenewydd, Archifdy Rhuthun, a Llyfrgell Genedlaethol Aberystwyth am eu cymorth yn ystod y gwaith ymchwil.

Diolch i David Wynn Millward am gael defnyddio ei baentiad tirlun o'r olygfa tuag at Berthfawr, Groe, Rhydygro, Coedtalog, a Neuadd Wen.

Diolch i Arwyn Groe am y Cyflwyniad. Diolch hefyd am gywiro rhai o'r englynion a cherddi, oherwydd roeddynt wedi eu copïo'n anghywir o'r *Llyfryn Du* gennyf i.

Diolch i Dafydd Morgan Lewis am brawfddarllen y gyfrol ac am wybodaeth a sylwadau gwerthfawr, ynghyd ag englynion Rob Morgan.

Diolch i Robat Trefor am olygu'r gyfrol ac am sylwadau gwerthfawr.

Diolch i Myrddin ap Dafydd, Dwynwen Williams a'r tîm yn Gwasg Carreg Gwalch am yr holl waith wrth gyhoeddi'r gyfrol.

Diolch i Bwyllgor Gwobr Llanbrynmair (pwyllgor dan adain Cymrodoriaeth a Chadair Powys) am ei gefnogaeth trwy ddyfarnu Gwobr ar gyfer llunio'r gyfrol hon.

Golygfa tuag at Berthfawr, Groe, Rhydygro, Coedtalog, a Neuadd Wen –
paentiad tirlun tua 1995 gan David Wynn Millward

Cynnwys

Cyflwyniad

Mi fuodd Huw Ellis y Berth (Hugh Gruffydd Ellis) farw yn 1952, ond roedd ei enw'n adnabyddus iawn i mi wrth dyfu i fyny o'r wythdegau ymlaen.

Mi ges i fy magu o pan oeddwn i'n dair oed yn y Groe, led cae o'r Berth. I'r rhai ohonoch na wyddoch am ddaearyddiaeth wledig Dolanog, mae ffermydd Berthfawr, Moeldrehaearn a Groe mewn rhyw fath o driongl daearyddol tynn. Cyfeirir at John Ellis Moeldrehaearn droeon yn y gyfrol hon, ac fe gyhoeddwyd cyfrol o waith y bardd gwlad hynod hwnnw yn 2016. Yn y cyfnod y bues i'n bugeilio colofn farddol papur bro'r *Plu'r Gweunydd*, mi fues i'n rhedeg cyfres o dan y teitl 'Fy hoff gerdd a pham'. Dewisodd John Ellis Moeldrehaearn gerdd gan Huw Ellis y Berth, 'Llinellau Cof: Anne Ellis, Berth'. Roedd Anne, gwraig y bardd, yn hen fodryb i John Ellis Moeldrehaearn.

Mae rhai o'r straeon am Huw Ellis yn rhan o'n chwedloniaeth leol ni bellach; y galwadau min nos ganddo at fy hen daid a nain yng Nghoedtalog, ac yn dal yno'n ymgomio hyd at oriau mân y bore... ac ar un o'r nosweithie hynny, ei glywed yn gweiddi am gymorth yn y coed uwchlaw Coedtalog, wedi mynd ar goll yn y niwl trwchus ar ei ffordd adre! A'r sôn amdano ar nosweithie o ha' yn eistedd o dan goeden yng nghlawdd y ffordd yng nghyffinie'r Berth – y ddelwedd berffaith o'r bardd gwlad wrth ei waith! A'r trafod a'r creu am orie yn yr helm wair yn y Berth (mwy am hynny yn y gyfrol)!

Ar y pwynt yma, mae'n bwysig achub ei gam rhyw 'chydig. Rhaid cofio iddo symud o ffarm i ffarm droeon wrth dyfu ei fusnes ffermio. Ffaith sy'n rhyw led awgrymu nad ydi'r ddelwedd o'r bardd-freuddwydiwr yn adrodd y stori gyfan am dalentau niferus y dyn arbennig hwn.

Mae ei glasur, 'Dafad Nantyrhelyg', yn enghraifft dda o'i allu i adrodd stori ac i greu drama, gan wau yr holl enwau llefydd, sy'n farddoniaeth ynddyn nhw'u hunain, i mewn i'r gerdd. Ac ymhellach, y mae'r cyfoeth hwnnw o enwau llefydd yn gofnod pwysig erbyn heddiw.

Yn ogystal â llunio penillion a cherddi/caneuon niferus mewn mydr ac odl, yr oedd o hefyd, wrth gwrs, yn englynwr galluog ac yn gynganeddwr medrus. Yn ogystal â chorff o englynion coffa a disgrifiadol, yr oedd ei englynion ysgafn yn cynnwys clasuron megis yr un am Bili Llwyd, Rhyd-y-Gro Bach. Gyda llaw, i'r anoraciaid cynganeddol yn eich mysg, mae llinell glo'r englyn hwnnw yn un groes o gyswllt gampus o feistrolgar, ar lafar os nad ar bapur. Ac os nad ydi rhai o gynganeddwyr Cymru yn ei chlywed hi, yna mae'r cynganeddwr hwn a gafodd ei fagu chwarter milltir o Ryd-y-Gro Bach, a chwarter milltir o'r Berth, yn ei chlywed hi'n sicr ddigon!

Mae englynion coffa iddo a luniwyd yn 1952 yn cloi efo'r llinell groes o gyswllt hyfryd 'Ni ddaw angladd i'w englyn.' (Richard Jones, 'Dofwy') Braf yw gweld saith deg o flynyddoedd yn ddiweddarach fod hynny'n parhau'n wir. Ac oherwydd llafur mawr awdur y gyfrol hon, gohirir unrhyw angladd posib am flynyddoedd mawr i ddod.

Y mae'r gyfrol hon yn gofnod o gyfnod yn y rhan yma o Faldwyn. Y mae'n adnodd gwerthfawr i drigolion yr ardal yn ogystal â bod yn rhodd o gyfrol i ddisgynyddion [niferus!] y bardd. Gan obeithio hefyd y bydd orig o ddifyrrwch ynddi i rai ohonoch chi o'r tu hwnt i ffinie Maldwyn.

Diolch i'w or-ŵyr am ei waith.

Arwyn Groe

Rhagair

Rwyf yn ddiolchgar iawn i Bwyllgor Gwobr Llanbrynmair (pwyllgor dan adain Cymrodoriaeth a Chadair Powys) am ei gefnogaeth trwy ddyfarnu Gwobr ar gyfer llunio'r gyfrol hon ar fywyd a barddoniaeth fy hen daid, Hugh Gruffydd Ellis, Berthfawr, Dolanog.

Cofir am Hugh Gruffydd Ellis (1865–1952) fel ffermwr a phrydydd gwlad. Mae'r gyfrol *Awen Maldwyn* yn cynnwys dau englyn o'i eiddo, sef 'Angau' ac 'Enw Da' ac yn cyfeirio ato fel 'enillydd ugeiniau o wobrwyon am englynion, caneuon a thraethodau... yn ohebydd mynych i'r *Faner*, yn ganwr da, yn arweinydd côr, ac yn ŵr tra defnyddiol yn ei ardal.'[1] Disgrifiwyd ef yn ei gofiant yn y *County Times* fel gŵr 'chwareus a direidus, ond o dan hynny gorweddai difrifwch dwfn, na welid efallai ond mewn cylch bychan... yn ŵr hynod ar lawer cyfrif, ac erys atgofion amdano yn hir gan y rhai a'i hadnabu.'[2]

Er iddo farw sawl blwyddyn cyn fy ngeni, cefais y fraint o ddod i'w adnabod trwy atgofion fy nhad, sef Wynn Ellis, un o dylwyth Berthfawr. Cafodd fy nhad ei ddwyn i fyny wrth draed ei daid a byddai byth a beunydd yn hel atgofion amdano. Hoffai fy nhad sgwrsio gan ddwyn i gof ac adrodd straeon a hen benillion yn nhraddodiad llafar gwlad. Yn anffodus, mae llawer o'r straeon a'r rhigymau yn ymwneud â Hugh Ellis a oedd yng nghof ac ar dafod fy nhad wedi eu colli. Mae'r cerddi a'r straeon yn y gyfrol yn llawn o werin-eiriau a thafodiaith Maldwyn a cheir ynddynt gyfle i gael 'cipolwg ar fywyd ein cyndeidiau a chlustfeinio arnynt yn sgwrsio'.[3]

Cefais lawer o wybodaeth ar lafar, sydd yn ffurf bersonol o gofnodi hanes; mae'n gyfrwng defnyddiol a chyfoethog o gadw ystod amrywiol o atgofion a phrofiadau'r gorffennol. Fodd bynnag, fel ymhob cofnod hanes llafar, rhaid cydnabod y perygl fod y straeon gan ac am Hugh Ellis wedi newid dros amser ac wedi eu lliwio'n or-ramantus ac yn chwedlonol eu natur!

Daeth Hugh Ellis yn adnabyddus fel cynganeddwr, englynwr, telynegwr, baledwr, rhigymwr a storïwr difyr ac yn aml byddai'n defnyddio'r cyfryngau hyn i greu hwyl! Er yn ffermwr wrth ei alwedigaeth, gallai ei feddwl fel y bardd-freuddwydiwr fod ar bethau eraill, yn enwedig pan fyddai'n cael ei daro gan glwy'r gynghanedd! Ei rôl a'i grefft fel prydydd gwlad, o fewn ei filltir sgwâr, oedd creu digrifwch a diddanwch, cofnodi troeon trwstan, canu clodydd a llongyfarchion, a galarganu.

Ar un adeg, cedwid *Llyfryn Du* yn Berthfawr, sef llyfr cerddi yn ysgrifen Hugh Ellis. Aeth y *Llyfryn Du* ar goll ar ddechrau'r 1970au, ond yn ffodus gwnaethpwyd copi ysgrifenedig ohono cyn ei golli. Hefyd, yn ein meddiant mae'r *Llyfryn Glas*, sef llyfr barddoniaeth llai swmpus yn ysgrifen fy nain, Edith Ellis, sydd yn cynnwys pedair cerdd nad oedd yn y *Llyfryn Du*. Cyrchwyd y rhan fwyaf o'r cerddi o'r *Llyfryn Du*, ond ceir cerddi eraill sydd wedi dod i'r amlwg yn ddiweddarach o gyfryngau eraill, megis y papurau newydd Cymraeg. Mae rhai o'r rhigymau a'r englynion wedi eu trosglwyddo ar lafar. Yn ogystal, cyflwynir ambell i gerdd gan feirdd eraill, fel a nodir dan y cerddi hynny.

Gwelwn gynnyrch sy'n amrywiol iawn ei naws, o'r elfen o hela hwyl i'r myfyrdodau dyfnach am grefydd a moesoldeb. Yn ei farddoniaeth ddoniol a hwyliog gwelid ef yn aml yn cyflwyno rhyw ddoethineb a dysg, sy'n nodweddiadol o'r arfer yn y cyfnod hwn o orffen efo'r 'neges'. [4] Mae'r gyfrol hon yn gofnod o hanes ei fywyd, ei rôl fel prydydd o fewn diwylliant cefn gwlad, ynghyd â chefndir i'r dylanwadau posib ar ei farddoniaeth. Y nod yw creu darlun o brydydd gwlad yn ei oes a'i amser ei hun.

Mae ei gerddi yn cyfleu darlun o gymdeithas o fewn cyfnod penodol o hanes. Maent yn adlewyrchu dylanwadau a newidiadau technolegol, gwleidyddol, cenedlaetholgar, cymdeithasol, moesegol a chrefyddol yr oes Fictorianaidd ac Edwardaidd hyd at yr Ail Ryfel Byd. Gwelwn ystod o ddeffroadau a newid cyfeiriad gwleidyddol a moesegol o fewn cymdeithas yn y cyfnod hwn ynghyd â throbwyntiau pwysig megis y Rhyfel Byd Cyntaf ac ymgyrchoedd gwleidyddol gan fenywod i wella eu hawliau. Yn ogystal, cafodd achos y Dirwest effaith ddofn ar gymdeithas yn ystod cyfnod bywyd Hugh Ellis. Cawn gyffwrdd â sut y gwnaeth ymddygiadau ac agweddau newid drwy gyfrwng ei farddoniaeth.

Mae'r penillion a gyfansoddodd i goffau 'Suddiad y Titanic' yn 1912 yn brawf o'i rôl nid yn unig fel cofiadur lleol, ond hefyd fel cofiadur o newyddion mawr a chyffrous y cyfnod.

SUDDIAD Y TITANIC

Pan ar ei thaith forwynig
Yn croesi cefn y don,
Ymsuddodd y Titanic
Er braw i lawer bron;
Ddu noson galon rwygol
Oedd hon i'w thylwyth hi,
Heb frawd na châr daearol
I wrando ar eu cri.

Rhoed gwŷs i gyrchu'r badau
Er diogelu'r gwan,
Mewn gobaith deuai llongau
I'w cludo tua'r lan;
Ffarwelia'r fam â'i phriod
Cyn rhoddi llam i'r bad,
Erfyniant yn eu trallod
Ail gwrdd mewn nefol wlad.

Er bod ei holl beiriannau
O'r defnydd mwya glew,
Ei chynnwys aeth yn ddrylliau
Wrth daro maes o rew;
Apeliwyd am ymwared
At longau ar eu taith,
Ond yn rhy hwyr i arbed
Y llu rhag beddrod llaith.

Yn araf suddai'r llestr
Yn is yn is i lawr,
Pob dyfais, a phob medr
A gaed ar ben yr awr;
Er braw rhaid oedd gwynebu
I lawr i gôl y lli,
Suddasant oll dan ganu
"Yn nes, fy Nuw, i ti." [5]

Mabwysiadodd Hugh Ellis yr enw Perthog ar ôl symud i Berthfawr, ond ni ymddangosodd yr enw barddol hwn mewn cyhoeddiadau, oherwydd roedd bardd arall adnabyddus o'r un enw barddol, sef John Thomas, Penmachno. Defnyddiai Hugh Ellis amrywiaeth o ffugenwau cystadleuol, megis Maldwynwr, Harri Myllin a Harri Bynner o Ddyffryn Banwy.

Mae'r gyfrol nid yn unig yn olrhain hanes bywyd Hugh Ellis, ond hefyd yn cyfeirio at ei deulu, ei ffrindiau a'r gymdogaeth, ynghyd â'r tair wyres farddonol a'r frawdoliaeth ymysg beirdd Llangadfan a Dolanog. Yn enwog fel ymgomiwr difyr, roedd cwmni pobl a chymdeithasu yn dra phwysig iddo.

Gwelwyd o fewn colofn farddol papur bro *Plu'r Gweunydd* ddiddordeb ym meirdd yr oes a fu yn ogystal â beirdd presennol. Cafodd y barddoni – yn enwedig am droeon trwstan yn nhraddodiad Maldwynaidd Hugh Ellis a'i gyfoedion – le blaenllaw yn y golofn farddol yn *Plu'r Gweunydd*. Sefydlwyd y golofn farddol gan Ifor Baines yn Nhachwedd 1978, cyn i Nest Davies fod yn gyfrifol ac yna trosglwyddo'r awenau yn ddiweddarch i Arwyn Groe, Pryderi Jones a Tegwyn Jones. Mae'r gyfrol hon yn ddyledus i'r golofn farddol ac am gyfraniadau yn *Plu'r Gweunydd* ar ddiwylliant cefn gwlad gan eraill megis Alwyn Hughes a Dafydd Morgan Lewis.

Mae'n addas cloi'r Rhagair trwy gyfeirio at ei hoff gyfrwng barddoni. Mae'r englyn i'r englyn unodl union yn egluro rhai o'r rheolau elfennol heb ystyried y gynghanedd!

ENGLYN

Syllwch, tri deg o sillau – byw odiaeth
　　　Yn bedair o freichiau
　　Yw Englyn, a'r holl gonglau
　　Hyd y gerdd wedi eu gwau.

---

[1] *Awen Maldwyn* (1960) Cyfres Barddoniaeth y Siroedd, Llyfrau'r Dryw – ELLIS, Hugh Gruffydd (1865–1952), t. 128.

[2] MCTSMWA (1952) 'Farmer Poet and Artist, Death at Dolanog of Mr. Hugh Ellis', *The Montgomeryshire County Times and Shropshire and Mid Wales Advertiser*, 16eg Chwefror 1952.

[3] Bebb, A., Peate, I., Thomas, D. et al. (1981) Gwerin-Eiriau Maldwyn, Llygad yr Haul.

[4] Groe, A. (2001) 'Difyr yw bod...efo'r Beirdd', Plu'r Gweunydd, Gorffennaf 2001.

[5] 'Yn nes, fy Nuw, i ti' – yn ôl rhai llygad-dystion, yr emyn 'Nearer, My God, to Thee' oedd y gân olaf a chwaraewyd gan ensemble llinynnol y Titanic yn ystod y suddo. Bu farw holl aelodau'r ensemble pan suddodd y Titanic.

Map Arolwg Ordnans (1947)
golygedig o'r ardal

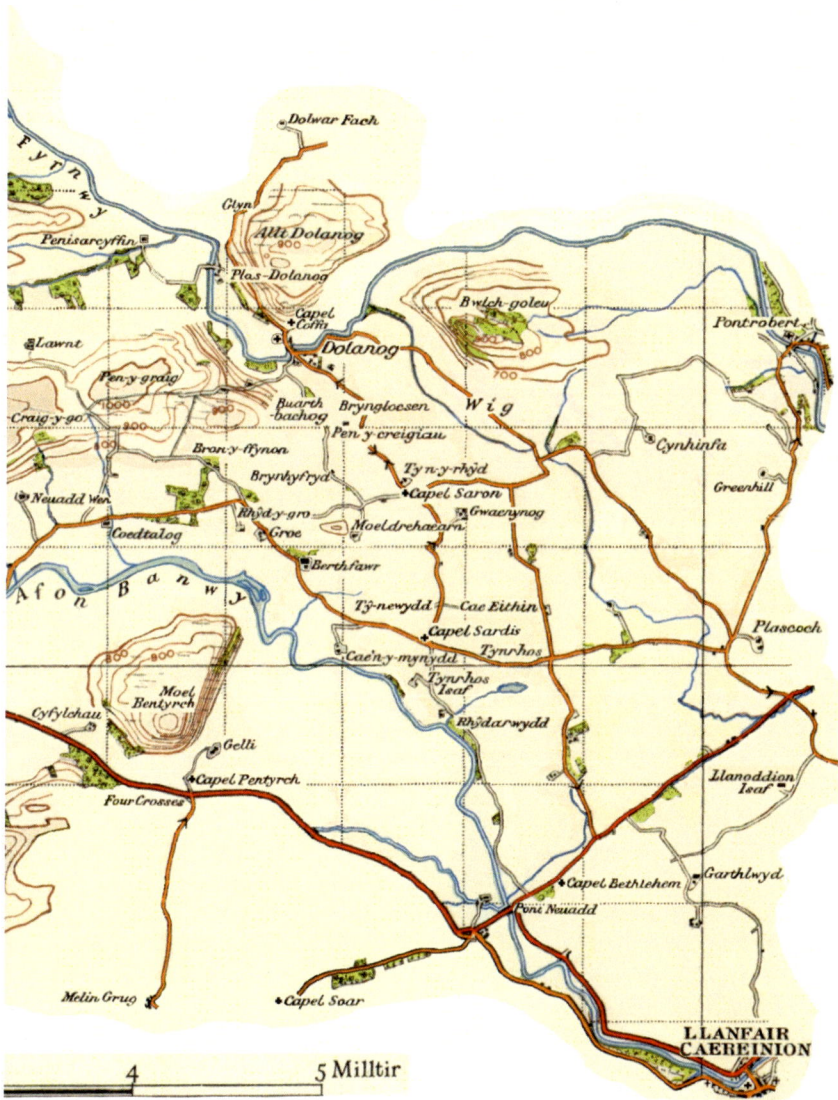

Dolwar Fach

E y r n w y

Glyn

Penisarcyffin

Allt Dolanog

Plas-Dolanog

Capel Coffn

Dolanog

Lawnt

Pen-y-graig

Buarth-bachog

Bryngloesen

Wig

Bwlch-goleu

Pontrobert

Craig-y-go

Pen-y-creigiau

Cynhinfa

Bron-y-ffynon

Brynhyfryd

Ty'n-y-rhyd

Capel Saron

Greenhill

Neuadd wen

Rhyd-y-gro

Gwaenyog

Coedtalog

Groe

Moeldrehaearn

Afon Banwy

Berthfawr

Ty-newydd

Cae Eithin

Capel Sardis

Plascoch

Moel Benlyrch

Cae'n-y-mynydd

Tynrhos

Cyfylchau

Tynrhos Isaf

Rhydarwydd

Gelli

Llanoddion Isaf

Capel Pentyrch

Four Crosses

Capel Bethlehem

Garthlwyd

Pont Neuadd

Melin Grug

Capel Soar

LLANFAIR CAEREINION

4   5 Milltir

17

Detholiad perthnasol o goeden deuluol Caepenfras

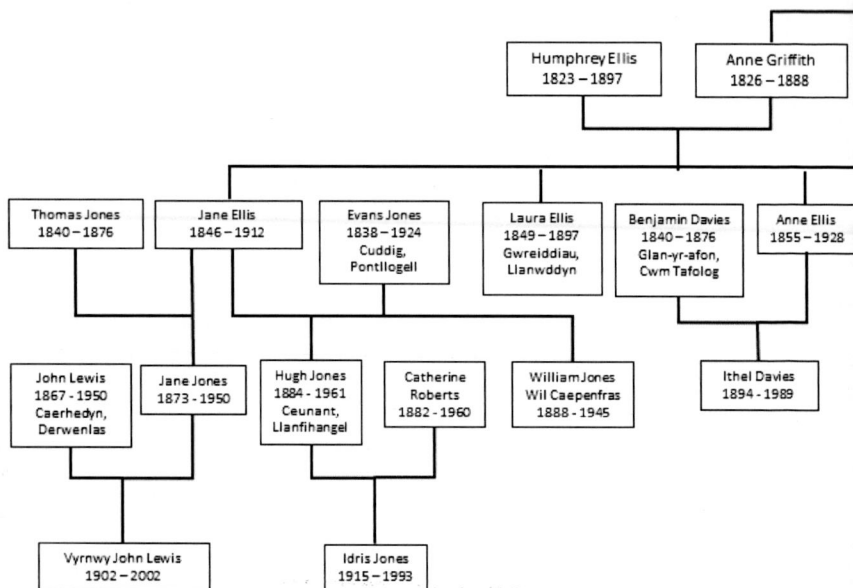

```
                                    ┌──────────────────┐   ┌──────────────────┐
                                    │ Humphrey Ellis   │   │ Anne Griffith    │
                                    │ 1823 – 1897      │   │ 1826 – 1888      │
                                    └──────────────────┘   └──────────────────┘
```

| Thomas Jones 1840 – 1876 | Jane Ellis 1846 – 1912 | Evans Jones 1838 – 1924 Cuddig, Pontllogell | Laura Ellis 1849 – 1897 Gwreiddiau, Llanwddyn | Benjamin Davies 1840 – 1876 Glan-yr-afon, Cwm Tafolog | Anne Ellis 1855 – 1928 |

| John Lewis 1867 - 1950 Caerhedyn, Derwenlas | Jane Jones 1873 - 1950 | Hugh Jones 1884 - 1961 Ceunant, Llanfihangel | Catherine Roberts 1882 - 1960 | William Jones Wil Caepenfras 1888 - 1945 | Ithel Davies 1894 - 1989 |

| Vyrnwy John Lewis 1902 – 2002 | Idris Jones 1915 – 1993 |

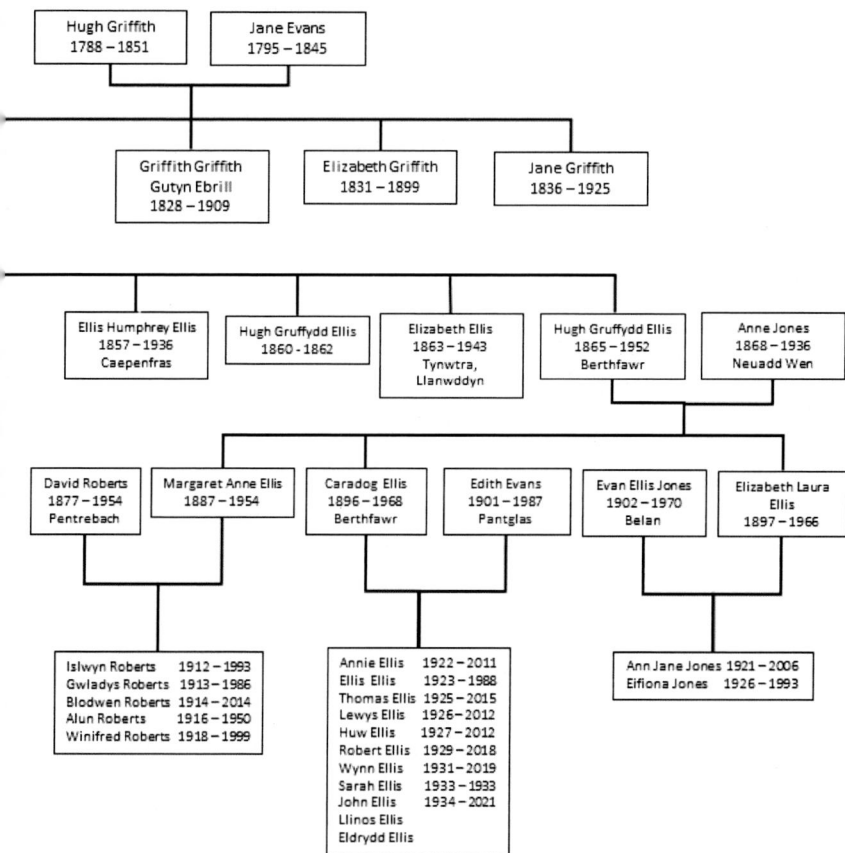

```
┌─────────────────┐        ┌─────────────────┐
│  Hugh Griffith  │        │   Jane Evans    │
│   1788 – 1851   │        │   1795 – 1845   │
└─────────────────┘        └─────────────────┘

        ┌──────────────────────┬────────────────────────┐
┌─────────────────┐  ┌─────────────────┐  ┌─────────────────┐
│ Griffith Griffith│  │Elizabeth Griffith│  │  Jane Griffith  │
│   Gutyn Ebrill   │  │   1831 – 1899   │  │   1836 – 1925   │
│   1828 – 1909    │  └─────────────────┘  └─────────────────┘
└─────────────────┘
```

| Ellis Humphrey Ellis 1857 – 1936 Caepenfras | Hugh Gruffydd Ellis 1860 - 1862 | Elizabeth Ellis 1863 – 1943 Tynwtra, Llanwddyn | Hugh Gruffydd Ellis 1865 – 1952 Berthfawr | Anne Jones 1868 – 1936 Neuadd Wen |

| David Roberts 1877 – 1954 Pentrebach | Margaret Anne Ellis 1887 – 1954 | Caradog Ellis 1896 – 1968 Berthfawr | Edith Evans 1901 – 1987 Pantglas | Evan Ellis Jones 1902 – 1970 Belan | Elizabeth Laura Ellis 1897 – 1966 |

```
┌────────────────────────────────┐
│ Islwyn Roberts    1912 – 1993   │
│ Gwladys Roberts   1913 – 1986   │
│ Blodwen Roberts   1914 – 2014   │
│ Alun Roberts      1916 – 1950   │
│ Winifred Roberts  1918 – 1999   │
└────────────────────────────────┘
```

```
┌────────────────────────────────┐
│ Annie Ellis     1922 – 2011     │
│ Ellis Ellis     1923 – 1988     │
│ Thomas Ellis    1925 – 2015     │
│ Lewys Ellis     1926 – 2012     │
│ Huw Ellis       1927 – 2012     │
│ Robert Ellis    1929 – 2018     │
│ Wynn Ellis      1931 – 2019     │
│ Sarah Ellis     1933 – 1933     │
│ John Ellis      1934 – 2021     │
│ Llinos Ellis                    │
│ Eldrydd Ellis                   │
└────────────────────────────────┘
```

```
┌────────────────────────────────┐
│ Ann Jane Jones 1921 – 2006      │
│ Eifiona Jones   1926 – 1993     │
└────────────────────────────────┘
```

Teulu Caepenfras

Ganwyd Hugh Gruffydd Ellis (Hugh Ellis) ar yr 8fed o Fai 1865 yng Nghaepenfras, Pontllogel, Llangadfan yn fab i Humphrey (Wmffre) ac Anne Ellis. Yn un o saith o blant, ef oedd yr ail Hugh. Bu farw ei frawd hynaf, sef Hugh Gruffydd Ellis, yn ddwy flwydd oed yn 1862. Y plant eraill oedd Jane, Laura, Anne, Ellis Humphrey ac Elizabeth. Fe ymgartrefodd Jane yng Nghuddig, Pontllogel; Laura yng Ngwreiddiau, Llanwddyn; Anne yng Nglan-yr-Afon, Cwmtafolog; ac Elizabeth yn Nhynwtra, Llanwddyn.

Disgynnai ei dad, sef Humphrey Ellis, o dylwythau Caerdefaid ac Ystumgwadnaeth, Llanfachreth, Sir Feirionnydd ac roedd teulu Anne Ellis yn hanu o ardal Cross Foxes, Brithdir, Dolgellau. Oddeutu 1861, symudodd y teulu o Dyddyn Rhiw, Llanfachreth yn nhirwedd fynyddig Meirionnydd i Gaepenfras a'r porfeydd mwy gwelltog ym mryniau tonnog Maldwyn, a thrwy hynny wella eu golygon yn sylweddol. Roedd Caepenfras yn fferm fryniog o 962 acer, yn cynnwys cynefinau defaid Caepenfras a Blaen Dyfnant, yn ffinio ar gomin Mynydd y Gadfa ac yn cynnal oddeutu 1,200 o ddefaid. [6] Ar y pryd hynny, perthynai Caepenfras i stad Llwydiarth ac roedd Humphrey Ellis yn denant i Syr Watkin Williams-Wynn (1820–1885), 6ed Barwn Wynnstay.

Bu Humphrey Ellis yn cadw tir yn Sir Feirionnydd am ychydig ar ôl y symud. Hoffai Edith Ellis, Berthfawr, adrodd stori chwedlonol ei naws am Hugh Ellis yn gyrru gwartheg o Feirionnydd i Faldwyn:

Clywes o'n adrodd amdano mynd drosodd efo'i dad p'run oedd 'mond wyth oed i Ddolgellau, a'i dad yn ffond iawn o siarad a'i hen ffrindiau Sir Feirionydd, a gadael iddo fo, hogyn, yrru'r gwartheg adre. Ar dop Bwlch Dinas fe redodd y gwartheg i lawr ac i ryw hen geunant, ond oedd hi mor boeth, roedden nhw ishe dwr. Ond mi allodd ddwad a nhw er mor ifanc. Ac roedd o'n cofio fel fyse fo nesu i Langadfan, fod 'na dyrpeg yno, 'tollgate' fel mae'n nhw ei galw, ac roedd o'n cofio bydde rhaid talu yn y 'tollgate', a gen o ddim pres. Ond roedd y meddwl plentyn yn gryf amser hynny i chi, ac mi aeth â'r gwartheg i fyny hen wtra ger y Cefne i safio'r doll, clywed fo'n dweud, ac roedd yn glanio adre yn y goleuad, a'i fam mewn pryder mawr amdano. [7]

Ceir enghraifft arall o'r cyswllt gyda Sir Feirionnydd yn yr englyn 'A Pony from Pantypanel' sy'n cofnodi tro trwstan. Bu llawer o ddyfalu am yr englyn hwn nes darganfod yn ddiweddar fod fferm o'r enw Pantypanel wedi ei lleoli ym mhlwy Llanfachreth ac nid yng nghyffiniau Pontllogel!

PONY FROM PANTYPANEL

I heard a talk and I dare tell – about
   A boy from Pontllogel;
He fare shot with a fire shell [8]
   A pony from Pantypanel.

Mae'n bosib mai hon oedd ei ymgais gyntaf ar lunio englyn Saesneg, sef un o'i nodweddion hynod, gan arddangos doniau gwahanol. Tybir ei fod yn enghraifft o'r llanc yn cael hwyl trwy chwarae gyda geiriau ac yn arbrofi ar gynganeddu mewn iaith oedd yn llai cyfarwydd iddo!

Prif fwyd y teulu a'r gweision yng Nghaepenfras y pryd hwnnw oedd bwyd llwy a bara ceirch. Roedd hen stori o fewn y teulu am y merched yng Nghaepenfras, sef Jane, Laura ac Anne, yn gorfodi gwas ifanc i guddied yn y goffor flawd i ddal lleidr y ceirch a chanfod fod un o'r gweision yn rhoi'r ceirch gorau i'w hoff geffyl! Roeddynt yn byw ar fwyd llwy lle mai ceirch oedd y prif gynhwysyn, megis uwd, griwel, llymru a shencin. Bu Hugh Ellis yn hoff o fwyd llwy trwy gydol ei fywyd, oherwydd, "bwyd llwy oedd ei brif fwyd o, byth, 'de'." [9]

Treuliodd oddeutu tair blynedd yn Ysgol Pontllogel, ymysg 60 o blant, o dan oruchwyliaeth yr hen soldiwr, sef athro uniaith Saesneg a oedd yn hoff o'i ddiod. Ychydig o addysg a gafodd yno, oherwydd ceir hanes am yr hen soldiwr yn cysgu yn ei feddw-dod yn y prynhawniau, a'r plant yn dianc o'r ysgol! Yn ddiweddarach mynychodd Ysgol Bwrdd Llanfyllin o dan y prifathro J. Pentyrch

Williams ac roedd yn lletya yn Llanfyllin yn ystod y dyddiau ysgol. Yn ddeuddeg mlwydd oed gadawodd yr ysgol o dan brotest, oherwydd "cafodd ei ffrind penna ei gweirio'n ddidrugaredd er mwyn achub croen bachgen oedd yn dipyn o gi ffansi." [10] Roedd hyn yn siom fawr i'w rieni, oherwydd eu gobeithion y byddai'n manteisio ar ei gyfleoedd addysgol. Efallai fod y safiad dros ei ffrind, yn arwydd cynnar o'i egwyddorion ac nad oedd yn ofni bod yn wahanol.

Fe chwaraeodd y Capel a'r Ysgol Sul ran bwysig yn addysgol yn enwedig trwy ddylanwad ei fam fel athrawes yr Ysgol Sul. Roedd yr englyn 'Arolygwr yr Ysgol Sul' yn adlewyrchu pwysigrwydd y byd addysgol crefyddol yn ystod y cyfnod hwn, wrth ystyried hefyd mai'r Ysgol Sul oedd ei unig fynediad at addysg fwy ffurfiol ar ôl iddo adael ysgol yn gynnar.

AROLYGWR YR YSGOL SUL [11]

Llonwych a doeth gynlluniwr – o nodwedd
   Ydyw'r arolygwr;
  A dewisol dywyswr
  Ym maes Iôn yw'r grymus ŵr.

Derbyniodd fagwraeth ddiwylliedig gyfoethog ar aelwyd Caepenfras. Adroddai Hugh Ellis sut roedd y ddau riant a'r pum plentyn yng Nghaepenfras wrth iddi noswylio yn "darllen wrth y tên, ar y ddwy setl bob ochr i'r tên, a'r un agosa at y pentan fyddai'n newid y gannwyll o hyd i gynnal y golau." [12] Gwelir fod y dyhead teuluol i fod yn ddiwylliedig yn cael ei adlewyrchu mewn rhyw awydd ynddo i'w wella ei hunan, wrth fod yn ddarllenwr mawr drwy gydol ei fywyd.

Y MEDDWL

Llywydd ein galluoedd yw – y meddwl,
   Gem addurn dynolryw;
  Cyfarwyddwr, barnwr byw,
  Hanfodol ynwyf ydyw.

AWGRYM

Sylw cu, cymhwysol call – yw Awgrym,
  Anogrwydd i arall;
Neu foes ddysg yn fys i ddall
I'w dywys i faes deall.

Amlygwyd y dyhead i fanteisio'n addysgol yn nisgynyddion teulu Caepenfras. Fe serennodd dau orwyr i Humphrey ac Anne Ellis – yn perthyn i gangen teulu Cuddig – yn addysgol, sef Vyrnwy Lewis (1902–2002) y bargyfreithiwr ac Idris Jones (1915–1993) yr addysgwr. [13] Un arall a ddaeth i amlygrwydd, oedd Ithel Davies (1894–1989), gynt o Glan-yr-afon, Cwm Tafolog a oedd yn fardd dawnus ac yn nai i'r Prifardd Tafolog. [14] Fe raddiodd Ithel Davies o goleg Bala-Bangor gyda'r bwriad o fynd i'r weinidogaeth ond penderfynu mynd yn gyfreithiwr yn 1926, cyn cael ei dderbyn yn fargyfreithiwr yn ddiweddarach yn 1937. [15] Daeth Ithel Davies i gryn enwogrwydd yng Nghymru fel heddychwr a gwrthwynebydd cydwybodol yn y Rhyfel Byd Cyntaf.

Bu farw ei fam ar yr 20fed Ebrill 1888. Mewn cofiant i Anne Ellis, yn y *Faner*, fe'i disgrifiwyd fel cymeriad dwys a dylanwadol:

Bu yn hynod ofalus ac ymdrechgar i fagu y plant yn addysg ac athrawiaeth yr Arglwydd... Bu amser yn ôl yn cymmeryd rhan gyhoeddus yn y moddion, trwy ddechreu a diweddu y seiat. Bu yn ffyddlawn iawn fel athrawes yn yr Ysgol Sabbothol; cymerodd lawer o drafferth i addysgu llawer i ddarllen yn dda. Athrawiaethodd lawer yn y tŷ wrth y plant a'r gweision, byddai yr un mor ymdrechgar i gael y gweision i feddwl ac i fyw yn grefyddol ag y byddai hi gyda'r plant. [16]

Dwy flynedd cyn colli ei fam daeth yn fuddugol yn Eisteddfod Lenyddol Y Foel gyda'r penillion 'Yr Angladd'.

YR ANGLADD [17]

O! Yr angladd! y mae tristwch
Mawr ynglŷn â'th enw di,
Difrifoldeb mawr a gerfi'n
Ddwys ar ein calonnau ni;
Moddion wyt i anfon pobloedd,
A chyfoedion annwyl, cu,
I briddellau oer y dyffryn,
I gymdeithas yr abwydyn
A breswylia'r beddrod du.

Dydd yr angladd, gwelir tyrfa
O bob cwr yn tyrru 'nghyd,
Rhai yn siarad yn ddibryder,
Eraill yno bron yn fud;
Brodyr a chyfeillion welir
Yn galaru'n drist eu gwedd,
Ac o dan y dwys amgylchiad
Teimlant arswyd o ddylanwad
Pechod, angeu, byd, a bedd.

O! yr angladd, dyma'r cyfle
Olaf ar y ddaear hon,
Y ceir rhoi'r hebryngiad olaf
I'n cyfeillion gynt fu'n llon;
Cyrchu carcharorion angeu
Wneir i'r gladdfa, gan y byw,
Lle gorphwysa'r hyn sydd farwol
Yn y bedd nes traidd taranol
Ganiad hirllaes udgorn Duw.

Er mor aml a lluosog
Yw angladdau yn y byd,
Gweiddi 'Moes' mae'r gwangcus feddrod
Ar ein hôl o hyd, o hyd;
Ac nid anfon eraill, cofiwn,
A fydd i ni fyth yn fraw,
Na, daw'r dydd hebryngir ninnau,
Pan yr hunwn yn yr angau,
Tua'r gladdfa maes o law.

Bu Griffith Griffith (Gutyn Ebrill) (1828–1909), sef brawd Anne Ellis, yn ddylanwad pwysig ar y brodyr Ellis Humphrey Ellis a Hugh Ellis. Fe ymfudodd Gutyn Ebrill am y Wladfa am 1881, ac yn yr un flwyddyn fe'i hurddwyd fel Archerwydd cyntaf y Wladfa gan 'Cadair Farddol Tywysogaeth Cymru, Gorsedd Beirdd Ynys Prydain' sef gorsedd amgen i Orsedd Beirdd yr Eisteddfod Genedlaethol. Tystiodd Owen Gethin Jones, y Parch. Robert Thomas (Scorpion) a Gwilym Cowlyd fod Gutyn Ebrill yn 'Gadeirfardd profedig, a thrwyddedawg cyfallwy o Orsedd Beirdd Ynys Prydain, ac iddo hawl ac awdurdod i ddeffro Cadair a chynnal Gorsedd ar Gerdd a Barddoniaeth ...ar lan y Gamwy yn Nghymru Newydd.' [18]

Mae'r ffaith i Gutyn Ebrill dderbyn awdurdod gan orsedd beirdd amgen yn arwyddocaol. Sefydlodd y bardd William John Roberts (Gwilym Cowlyd) (1828–1904) a'i griw Arwest Glan Geirionydd yn 1863, sef gwrth-eisteddfod gyda'i gorsedd ei hun, yn cystadlu hefo'r Eisteddfod Genedlaethol. Ystyriai Gwilym Cowlyd yr Eisteddfod Genedlaethol ar y pryd yn sefydliad gau, oherwydd ei bod yn rhy Seisnigaidd, a bod angen sefydlu gŵyl wirioneddol Gymreig yn ei lle. Yn yr un modd, roedd Gutyn Ebrill fel Gwilym Cowlyd yn dyheu am eisteddfod fwy gwerinol ei naws, ond roedd dosbarth penodol o eisteddfodwyr yn elyniaethus i'r syniadaeth hon. Mewn llythyr yn *Llais y Wlad* yn 1878 ceir gyffyrddiad ar safbwynt anghydffurfiol Gutyn Ebrill:

FY ANWYL WILYM COWLYD, O! frenin, bydd fyw fyth am dy bybyrwch a'th wroldeb Herculaidd yn dal yn ngwyneb y croeswyntoedd i fynu yr Eisteddfod yn mlaen eleni, fel yr arfaethwyd ar y cyntaf... Cefais innau 'fly sheet' oddi wrth yr 'encilwyr', ond ni bu un iot ynwyf o gydymffurfiad a dim a ddywedent. Gyda fy nghofion ffyddlonaf attat, a chyfeillion y pwyllgor, Ydwyf, anwyl gyfaill, GUTYN EBRILL. [19]

Tybir fod teyrngarwch Gutyn Ebrill i achos Gwilym Cowlyd yn haeddu sylw, oherwydd fe deimlir fod hyn oll wedi dylanwadau ar Hugh Ellis maes o law.

Disgrifiodd Ithel Davies ei hen ewythr, Gutyn Ebrill, fel 'gŵr llawn ffraethineb... yn arweinydd eisteddfod digyffelyb ac yn gwmnïwr, mae'n debyg, cwbl ddigymar', sef darlun addas iawn o Hugh Ellis! [20] Roedd tebygrwydd ynddynt o ran diddordebau, personoliaethau a phryd a gwedd.

Griffith Griffith (Gutyn Ebrill) (1828–1909)

Bu Gutyn Ebrill yn ohebydd Ffestiniog i'r *Faner* am flynyddoedd, ac ar ôl hynny yn ohebydd yr *Herald Cymraeg*. Ysgrifennai yn rheolaidd i'r *Dydd* gan barhau i gyfrannu'n selog i'r papurau newydd Cymreig yng Nghymru ar ôl symud i'r Wladfa. Fe'i cofir yn y Wladfa fel Saer Pontydd a Cherddi (El Carpintero de Puentes y Poemas), oherwydd ei gyfraniad hollbwysig fel prif saer ac un o brif sefydlwyr cynnar y Wladfa. Fe adeiladodd dai yn Nhrerawson; bu'n gosod rheilffyrdd; adeiladodd orsafoedd yn Nhrelew a Phorth Madryn; cododd Bont Rawson, Pont yr Hendre a Phont y Gaiman; ynghyd ag adeiladu'r porthladd pren ym Mhorth Madryn.

Yn y flwyddyn 1898 ac yn 70 mlwydd oed, fe ymwelodd Gutyn Ebrill 'â'r Hen Wlad ac anrhydeddwyd ef yn Arwest Geirionnydd ac Eisteddfod Genedlaethol Ffestiniog.' [21]

Cyhoeddwyd ei lythyr olaf hiraethus o'r Wladfa yn 1909 – at sylw ei chwaer, Jane Meredith ym Minllyn, Dinas Mawddwy – lle roedd Gutyn Ebrill yn parhau i ddangos diddordeb yn ei neiaint:

Dyro fy nghofion cynhesaf atat dy hunan, a theulu Glanyrafon, a Chaepenfras a'r lleoedd y trigau ceinciau perthynasol oll. Byddaf yn sp'io yn aml am enwau fy neiaint, Ellis a Huw, yng ngholofn farddol y Faner, ond ni welais hwynt yno er's talm o amser bellach. Byddaf hefyd yn llygadu am eu henwau mewn adroddiadau cyfarfodydd misol y Methodistiaid Calfinaidd ym Maldwyn. 'No go' yw hi yno, a chwedyn yn hanes cyfarfodydd llenyddol y broydd hynny. Dim haws y ffordd hono, chwaith. A all awen a chân ddyweyd am fy neiant gobeithiol, 'Demas' a'm gadawodd gan garu y byd presennol. [22] [23]

Roedd ei frawd, sef Ellis Humphrey Ellis (1857–1936), yn englynwr. Cafodd 'Yr Afal' ei gyhoeddi yn y *Faner* yn 1891 a daeth 'Te Mazzawattee' yn fuddugol yn Eisteddfod Plwy Llwydiarth yn 1896.

TE MAZZAWATTE [24]

Y byd-enwog, ardderchog dda – yw 'Te
   Mazzawattee', pura
Erioed, luniaeth rhadlona,
Â'i drwyth nawn, rhyw doraeth wna.

Ellis Humphrey Ellis

Ni allwn fod yn siŵr pryd enillodd Hugh Ellis ei gystadleuaeth farddoni gyntaf, ond fe gyhoeddwyd cerdd fuddugol 'Y Bugail' yn y *Faner* yn 1884 pan oedd yn 19 mlwydd oed.

Y BUGAIL [25]

Y bugail yw'r bodlonaf
O feibion Gwalia Wen,
'Does dim a aflonydda
Ei galon dan y nen;
Mor aiddgar yw ei feddwl,
Mor lawen yw ei fryd,
Mae fel bai'n ymerawdwr
Goruwch holl feib y byd.

Wel, dacw ef yn cychwyn
O'i fwthyn mor ddifraw,
Gan gamru tua'r mynydd
A'i ffon o dan ei law;
Ei galon lon arloesa
Y mwyniant mwya' 'rioed,
Pan mae y ci yn prangcio
A chwareu gylch ei droed.

Mae'r hedydd bach yn canu
Yn beraidd uwch ei ben,
A phob mwynhad yn dadleu
Llawenydd heb un llen;
Yn mhlith yr wyn a'r defaid
Mae'n cael y fath fwynhad,
Tra mae yn gwel'd o'i ddeutu
Ber olygfeydd y wlad.

Draw ar y bryn fe chwery
Yr oenig mor ddinam,
Fel pe bae'n dangos campwaith
I'w hoff anwylyd fam;
Mor hapus yw y bugail
Wrth weld yr oenig llon,
Yn prangcio'n llon a hawddgar
O'i amgylch ar y fron.

Ar ben y bryn mae'n gallu
Anadlu'r awyr iach,
A phob mwynhad yn ymddangos
Fel pe bai'n frenin bach;
Y golygfeydd ysblenydd
O'i amgylch sydd mor hardd,
Rhyw fyrddiwn o gysuron
O'i fynwes ber a dardd.

Aruchel gysgod ydwyt
O'r sanctaidd Fugail mawr,
Yr hwn sydd yn bugeilio
Annheilwng lwch y llawr;
A'u dwyn o dir y blinder
I fryniau'r Ganaan wlad,
A'u gosod mewn anrhydedd
Ar ddeheulaw y Tad.

Roedd ei dad, sef Humphrey Ellis, yn denant amlwg ar stad Llwydiarth ac yn awyddus i gadw ar ochr iawn y landlord, sef Syr Watkin Williams-Wynn. Pan anwyd wyres Syr Watcyn yn 1865, derbynwyd y sylw isod yn y *The North Wales Chronicle and Advertiser*:

Early on this Friday, crowds were seen winding their way towards Llwydiarth Park, and at one o'clock a substantial dinner of roast beef, &c, was provided for every inhabitant of the district in the large Hall at the Park...The gentlemen who presided at the tables were the Rev. W. Richardson, incumbent of the parish, and John Williams, Esq., of Llangedwin; Mr. H. Ellis, of Caepenfras, and Mr. Lloyd Jones, of Melindwr, acting as vice-presidents...Then followed "the healths of Sir Watkin, Lady Wynn, and the infant daughter" which were, we need hardly add, received with thunders of applause. After the harpist had played "Sir Watkin's Air" Mr. H. Ellis and Mr. E. Jones read the following lines (written for the occasion) to the great delight of the company. [26]

Comisiynodd Humphrey Ellis y penillion llongyfarch sebonllyd gan ei frawd yng nghyfraith, sef Gutyn Ebrill, er mewn cadw ar ochr iawn y landlord. Un o'r rhesymau am ymfudo i Batagonia, gan rai, oedd dianc o afael y tirfeddianwyr; felly, roedd yn eironig fod Gutyn Ebrill wedi canu clod i deulu bonheddig y Wynnstay!

I AERES SYR WATKYN [27]

Fe fu yn ddiolwg am feithion flynyddoedd
Am unrhyw etifedd i gyfoeth Wynnstay;
Ac eithaf naturiol y tybiai rhyw luoedd,
Nad oedd yr hen enw yn hir i barhau;
Ond deuai o'r diwedd rhyw heulwen ysplenydd
I ddangos eginyn dieilydd o fri
O lwynau Syr Watkyn – daw'r genedl ar gynnydd
I ganu i'r Aeres, "Byw byth y bo hi."

"Byw byth y bo'r Aeres" medd lluoedd Meirionnydd
Oddiwrth yr hen Gader i'r Wyddfa grib wen,
"Byw byth y bo'r Aeres," dd'wed Maldwyn ar gynnydd
O gopa Plunlimon dros Ferwyn heb len;
"Byw byth y bo'r Aeres," dd'wed Dinbych odidog,
A Fflint yn un gydgan soniarus ei llef;
Holl Ogledd a Deau a waedda'n galonnog
"Pob cysur i'r Aeres o'r ddaear a'r nef."

Mor aml â'i thrysorau y byddo'i chysuron,
A'i rhinwedd, deg eneth, fo'n goron ei bri,
Yn deilwng o wyres i drechwr Iwerddon
A theimlad Cymroaidd drwy'i chalon yn lli;
Mawr lwydd i'w rhieni i'w magu yn enwog,
Yn berl gwerthfawrocaf yng nghoron ei gwlad,
Nes dwyn yr holl genedl i ganu'n galonnog
Wir fawl i'r wen Aeres, i'w Mam, ac i'w Thad.

Cofnodwn yr adeg ar femrwn y galon,
I dwymno'n serchiadau – caed Aeres Wynnstay;
Ei theulu urddasol fo'n bleidwyr i'r Brython
Tra fyddo Llyn Tegid a'i ddŵr yn parhau.
Pe gwag fyddai'r orsedd, rho'wn Aeres Syr Watkyn
I lywio hiliogaeth Llyw Olaf ein tir;
Mewn hedd a llawenydd, a chariad diderfyn,
Boed teulu Syr Watkyn yn bleidwyr y gwir.

GUTYN EBRILL

Bu farw Humphrey Ellis yn 1897 ac fe'i claddwyd gyda'i wraig, Anne Ellis, ym Mynwent Pontllogel.

MYNWENT PONTLLOGEL

Distaw orweddfa dawel – am ennyd [28]
 Yw mynwent Pontllogel.
 Y mawr Dduw a'n cwyd mor ddel
Yn gryfion oll o'i grafel. [29]

Trosglwyddwyd y denantiaeth i'r mab hynaf, sef Ellis Humphrey Ellis (1857–1936), a fu'n ffermio yng Nghaepenfras tan ei ymddeoliad yn 1920 cyn trosglwyddo'r denantiaeth i'w nai, sef William Jones (Wil Caepenfras).

Yn ddiweddarach wedi marwolaeth Wil Caepenfras yn 1945, gorfu i ystâd Syr Watkin Williams-Wynn (1891–1949), yr 8fed Barwn, drosglwyddo Caepenfras i'r Wladwriaeth ac i'r Comisiwn Coedwigaeth i setlo'r dreth farwolaeth. [30] Dyma'r cyfnod lle gwelwyd cynnydd yng ngwerthiant tir ystâd yng Nghymru a Lloegr oherwydd y dreth farwolaeth, a hefyd ddirywiad dramatig yn rôl gymdeithasol a gwleidyddol y teuluoedd bonheddig. Gorchuddiwyd y rhan fwyaf o Gaepenfras o dan y coed pin o fewn Coedwig Dyfnant, gan adael fferm sylweddol lai.

[6] 'Terrier Llwydiarth' ar ddechrau'r 20fed ganrif, *Stad Wynnstay*, Archifdy Rhuthun.

[7] Amgueddfa Werin Genedlaethol, Sain Ffagan, 26ain Mai 1972 – recordiad o Edith Ellis, Berthfawr yn cael ei chyfweld gan S. Minwel Tibbot.

[8] Fare – hen ferf am ddull gweithredu neu ddigwyddiad.

[9] Amgueddfa Werin Genedlaethol, Sain Ffagan, 26ain Mai 1972 – recordiad o Edith Ellis, Berthfawr yn cael ei chyfweld gan S. Minwel Tibbot.

[10] 'Ysgol Pentyrch Williams' – stori ar dafod Wynn Ellis.

[11] BAC (1901) 'Arolygwr yr Ysgol Sul', 'Euogrwydd' ac 'Angau', *Baner ac Amserau Cymru*, 17eg Ebrill 1901.

[12] Amgueddfa Werin Genedlaethol, Sain Ffagan, 26ain Mai 1972 – recordiad o Edith Ellis, Berthfawr yn cael ei chyfweld gan S. Minwel Tibbot.

[13] Bu Vyrnwy Lewis ar ddechrau 1930au yn gynorthwyydd ymchwil i David Davies (1880–1944), Llandinam, cyn Aelod Seneddol Rhyddfrydol Sir Drefaldwyn. Yn dilyn y Rhyfel Byd Cyntaf, daeth David Davies yn hyrwyddwr dylanwadol o Gynghrair y Cenhedloedd gan gyflwyno syniadau a ddaeth maes o law yn rhan o Siarter y Cenhedloedd Unedig yn 1945. Bu Vyrnwy Lewis yn ymchwilio i wleidyddiaeth ryngwladol a chysylltiadau rhyngwladol.

[14] Enillodd Richard Davies (Tafolog) Gadair yr Eisteddfod Genedlaethol ddwywaith, yn 1871 yn Nhywyn am ei awdl 'Mynwent' ac yn 1886 yng Nghaernarfon am ei awdl 'Gobaith'.

[15] Davies, I. (1984) *Bwrlwm Byw*, Gwasg Gomer.

[16] BAC (1888) 'Cann Office – Marwolaeth a chladdedigaeth Mrs. Ellis, Caepenfras', *Baner ac Amserau Cymru*, 2il Mai 1888.

[17] BAC (1886) 'Yr Angladd', *Baner ac Amserau Cymru*, 4ydd Awst 1886.

[18] Bowen, G. (2002) 'Gorsedd y Beirdd yn y Wladfa', *Cylchgrawn Llyfrgell Genedlaethol Cymru*, Cyfrol XXXII, t. 319.

[19] LW (1878) 'Eisteddfod Llanrwst', *Llais y Wlad*, 5ed Ebrill 1878.

[20] Davies, I. (1984) *Bwrlwm Byw*, Ithel Davies, Gwasg Gomer, t. 11.

[21] YD (1909) 'Noswyl Gutyn Ebrill', *Y Dydd*, 19eg Tachwedd 1909.

[22] Yn *Ail Lythyr Timotheus*, llythyr a briodolir yn draddodiadol i Paul, lle sonnir 'i Demas, oherwydd ei fod yn caru'r byd hwn, mae wedi fy ngadael ac wedi mynd i Thessalonica.'

[23] YD (1909) 'Llythyr Olaf Gutyn Ebrill', *Y Dydd*, 22ain Hydref 1909.

[24] YL (1896) 'Te Mazzawattee', *Y Llan*, 25ain Rhagfyr 1896.

[25] BAC (1884) 'Y Bugail (Buddugol)', *Baner ac Amserau Cymru*, 17eg Medi 1884.

[26] TNWCAP (1865) 'Llwydiarth Rejoicings', *The North Wales Chronicle and Advertiser for the Princiality*, 21ain Ionawr 1865.

[27] TNWCAP (1865) 'I Aeres Syr Watkyn', *The North Wales Chronicle and Advertiser for the Princiality*, 21ain Ionawr 1865.

[28] Ennyd – ysbaid fer o amser. Roedd Hugh Ellis yn credu fod Duw, ar Ddydd y Farn, yn mynd i atgyfodi'r meirw yn eu cyrff gwreiddiol yn ôl yn fyw o'r bedd, cyn naill ai cael eu gwobrwyo â pharadwys dragwyddol neu gosbedigaeth yn uffern.

[29] Grafel – gro, sef gair ffigurol yn cyfeirio at fedd.

[30] Y *Bywgraffiadur Cymreig hyd 1940* (1953), William Lewis (Argraffwyr) – 'WYNN (Teulu), Wynnstay, Rhiwabon'.

Hugh Gruffydd Ellis (1865–1952)

Teulu Berthfawr

Ym mis Mai 1886, priododd Hugh Ellis ag Anne Jones, Neuadd Wen, Llanerfyl, gan ymgartrefu ym Mount Pleasant, Llangadfan. Cafodd ei ddenu at gymar gyda rhinweddau yn reit debyg i'w fam, oherwydd roedd Anne Caepenfras ac Anne y Berth yn fenywod dwys ac o ddifrif. Byddai pawb yn ei adnabod am ei ddigrifwch, ac roedd Anne yn ffrwyn berffaith iddo, yn ei geryddu'n aml pan oedd yr hwyl yn mynd dros y tresi, gan ddweud "dyne ddigon Hugh"!

Symudodd y ddau i ffermio yn Rhyd-y-Gro, Llanerfyl yn 1890, cyn symud i'r Berthfawr (Y Berth), Dolanog oddeutu 1893, sef fferm o fewn tafliad carreg i gyfeiriad Llanfair Caereinion.

Ganed tri o blant i Hugh ac Anne Ellis, sef Margaret Anne (1887–1954), Hugh Caradog (1896–1968) ac Elizabeth Laura (1897–1966). Priododd Margaret Anne Ellis gyda David Roberts gan ymgartrefu ym Mhentre Bach, Cwm Twrch, Y Foel a ganed iddynt Islwyn, Gwladys, Blodwen, Alun a Winifred. Priododd Elizabeth Laura Ellis gydag Evan Ellis Jones, Belan, Llangadfan a ganed iddynt Ann ac Eifiona. [31]

Anne Ellis, Berthfawr (1868–1936)

Fe ddylanwadodd y taid ar y tair chwaer o Bentre Bach – sef Gwladys (1913–1986), Blodwen (1914–2014) ac Winfred (Winnie) (Catrin Banwy) (1918–1999) – gan iddynt ei efelychu fel prydyddesau gwlad. [32] Mewn byd prydyddol a oedd yn cael ei weld yn perthyn i ddynion, dangosodd y tair chwaer dipyn o fenter gan herio'r normau traddodiadol. Bu iddynt adael barddoniaeth cefn gwlad ganadwy gan ddefnyddio arddull tebyg iawn i'w taid.

Priododd Caradog Ellis, Berthfawr, yr unig fab, gydag Edith Evans, Pantglas, Rhiwhiriaeth, Llanfair Caereinion a ganed iddynt un ar ddeg o blant: Annie, Ellis, Thomas (Tomi), Lewys, Robert (Bob), Huw, Wynn, Sarah, John, Llinos ac Eldrydd. Bu farw Sarah ar y 27ain Chwefror 1933 yn chwe niwrnod oed.

> Mae Nef wen yn amgenach
> Na helynt byd i blant bach.

Bu'r crud yn wrthrych cyfarwydd ar aelwyd luosog Berthfawr ac roedd Anne Ellis yn hoff iawn o'i chadair siglo trwy gydol ei bywyd.

Y CRUD

> Er y creu arddelir crud – i rai bach
> Ddechrau byw boreufyd.
> Sigl clws a gwely clyd
> I faban yn ei febyd.

CADAIR SIGLO

> Er mwyn cysur mainc isel – su lw li
> I wyr'io cwsg tawel.
> Mirain o ddull, morwyn ddel
> Addaswyd ar ddwy asel.

Sefydlodd Hugh Ellis ei hun fel prydydd yn ei filltir sgwâr yn y gymdogaeth oddeutu Berthfawr gan fabwysiadu'r enw barddol Perthog. Dyma'r lle y treuliodd weddill ei fywyd a chael ei adnabod fel bardd y Berth. Daeth y Berthfawr i fod yn fan ymgynnull pwysig yn yr ardal i sgwrsio a diddanu, trwy rannu straeon a phenillion yn y traddodiad llafar gwlad.

Roedd y mab, Caradog Ellis, yn gymeriad tra gwahanol i'w dad, yn ddyn 'seriws' ac yn dawedog ei natur fel ei fam. Er iddo ennill ar ambell limrig mewn cyrddau llenyddol ni ystyriai ei hun yn fardd. [33]

Teulu Berthfawr – Thomas (Tom), Wynn, Llinos, Eldrydd, Robert (Bob), Caradog, Ellis, Edith, Lewys, Annie, John a Huw

Ni fu'r aelwyd byth 'run fath ar ôl ymadawiad Hugh Ellis, ond mi gymrodd Edith Ellis – y ferch yng nghyfraith – yr awenau yn y Berthfawr o ran cynnal y traddodiad o ymddiddan a diddanu; byddai'n 'adrodd stori ar ôl stori [hel] atgof ar ôl atgof'. [34]

---

[31] Fe briododd Ann Jones, Belan â Gomer Thomas, Cwmderwen, Cwm Nant yr Eira, Llanerfyl. Roedd y beirdd a'r brodyr, James Roberts (Derwennog) a Robert Roberts, Cwmderwen yn hen ewythrod i Gomer Thomas. Roedd tad Gomer Roberts yn frawd i John Robert Thomas (Sion Brydydd), Dolygarregwen.

[32] *Awen Maldwyn* (1960), Cyfres Barddoniaeth y Siroedd, Llyfrau'r Dryw, t. 142 – 'WILLIAMS, Gwladys Anne. Gwraig fferm a aned ym Mhentre Bach, Y Foel. Addysgwyd yn Ysgol Garthbreibio, ac yn Ysgol Sirol Llanfair Caereinion. Yng Nglanrafon, fferm arall yn ardal Y Foel, y mae'n byw heddiw. Er na chystadleuodd fawr erioed mewn eisteddfodau, y mae'n hoff o lunio pennill, a gwelir ei gwaith weithiau yng ngolofn farddol newyddiadur ei henwad.'

[33] YN (1900) 'Gŵyl De a Chyfarfod Cystadleuol', *Y Negesydd*, 4ydd Mai 1900.

[34] Griffiths, M. (1982) 'Penteulu', *Plu'r Gweunydd*, Mai 1982.

Hugh Ellis gyda Lewys a Thomas ar ddiwrnod golchi defaid ym Moeltrehaearn

Y Filltir Sgwâr

Ystyrir bod diwylliant cefn gwlad yn cwmpasu llawer o bethau sy'n ymwneud â ffordd o fyw. Byddai diwylliant cefn gwlad yng nghyfnod bywyd Hugh Ellis yn chwarae rhan bwysig wrth greu ymdeimlad o hunaniaeth gymunedol, oherwydd yn yr amser hynny, roedd bawb yn dueddol o gadw o fewn eu cymdogaeth. Roedd diddanu a difyrru yn cynnal traddodiadau ac arferion, ac yn meithrin y berthynas glos o fewn cymdogaeth. Roedd yr elfennau ffurfiol megis digwyddiadau, cyrddau â dathliadau cymunedol yn cymryd rhan bwysig, ond hefyd yr elfennau anffurfiol megis sgwrsio, ymweld â'i gilydd, hebrwng, a rhannu straeon. Er bod yr ymadrodd y filltir sgwâr y rhan amlaf yn cael ei gysylltu gyda'r ardal ddaearyddol, mae'n berthnasol hefyd i'r gymuned sy'n cynnal diwylliant cefn gwlad, fel oedd yn arbennig o wir yng nghyfnod bywyd Hugh Ellis.

Perthynai Hugh Ellis i gymdogaeth fechan yn cynnwys anheddau a ffermydd megis Groe, Rhyd-y-Gro, Rhyd-y-Gro Bach, Craig-y-Go, Bron-y-Ffynnon, Buarthbachog, Moeldrehaearn, Broneilin, Bryn Glocsen, Tyn-y-Rhyd, Gwaenynog, Tŷ-Newydd, Cae Eithin, Pencommins, Tynrhos, Tynrhos Isaf, Rhydarwydd a Chae'n-y-Mynydd.

Roedd y bobl leol yn cyfnod hynny yn dibynnu ar ei gilydd am gymorth a llafur, ac roedd y cysylltiadau dyddiol agos yn cynnal gwead cymdeithas ac o les i bawb. Roedd perthynas deuluol hefyd yn chwarae rhan bwysig wrth gynnal cysylltiadau agos, wrth iddynt rannu llafur a chael hwyl ymysg ei gilydd ar adegau prysur megis y cynhaeaf. Mae'r ffotograff o Hugh Ellis ym Moeldrehaearn yn cyfleu'r elfen gymdeithasol ynghanol miri'r diwrnod golchi defaid, cyn y cneifio; mae'n cynnwys dau o'r wyrion, sef Thomas a Lewys, yn eu gwisg ysgol ar eu ffordd adref o Ysgol Dolanog. Gwelir yma Hugh Ellis yn ei fawredd corfforol yn y cyfnod pan oedd yn cael ei gydnabod fel ymladdwr. Roedd Anne Ellis, Berthfawr yn gyfnither i Ellis Jones Morris, Moeldrehaearn a byddai'n naturiol iddynt gefnogi ei gilydd yn ystod amseroedd prysur y cneifio a'r cynhaeaf. Byddai hyn yn ymestyn i bob math o gefnogaeth wahanol, fel er enghraifft, Ellis

Jones Morris yn gadael enillion gwerthu moch, yn ddiogel yn y Berthfawr, rhag ofn iddynt gael eu dwyn!

Ystyrid hi'n gymdogaeth fach gydryw, oherwydd doedd dim tystiolaeth o wahaniaethu dosbarth. Roedd y ffermwyr y rhan amlaf yn denantiaid gyda'r meibion yn gallu gweithio fel gweision ar ffermydd eraill, fel yn achos rhai o feibion y Berthfawr; roedd y ffin rhwng y ffarmwr a'r llafurwr yn gallu bod yn aneglur. Yn yr un modd roedd gan yr ardalwyr gefndir addysgol a diwylliannol tebyg, ac roedden nhw'n siarad Cymraeg gyda'i gilydd.

Roedd y gegin a'r aelwyd yn Berthfawr, yn ôl y traddodiad hynafol Cymreig, yn fan pwysig i ymddiddan a diddanu, ac i rannu straeon gyda chymdogion. Yn enwog fel sgwrsiwr, roedd Hugh Ellis yn hoff o gwmni pawb ac yn croesawu ymweliadau â'r Berthfawr. Hoffai dynnu ar ei getyn o dan y fantell o fewn yr aelwyd tra byddai'n cynnal sgwrs a chlebran. Byddai crwydriaid yn ymweld yn rheolaidd â'r Berthfawr i gael cysgod, llymaid a phryd am lafur, megis Jones Abermiwl a'r unllygeidiog Bobi Burns. Roedd Berthfawr yn stesion bwysig i'r cymeriadau hyn i gynnal sgyrsiau, hel newyddion a rhannu straeon. Yn ogystal, hoffai eistedd tu allan yn y sgubor, yn sgwrsio ac yn smocio, ac mi wnaeth un sgwrs fyglyd yn y sgubor greu cryn enwogrwydd iddo!

Roedd Thomas Griffiths (Twm Bryn Glocsen) yn ymwelydd rheolaidd yn Berthfawr, yn ffrind annwyl ac yn werinol ei natur. Un tro, yn ystod un o'i ymweliadau â'r Berth, gwnaeth yr hen ŵr, y tynnwr coes, esgus nad oedd yn cofio pwy oedd Twm. Er ei fod yn ei lawn bethau wrth ofyn "Pwy 'dech chi?", roedd Twm yn llwyr argyhoeddedig fod yr hen ŵr wedi cowlio gan ddweud, "Me'r hen Hugh Ellis 'me mynd yn ddylech bob dydd". Yn gwisgo clos ribs bach, yn rhy fyr i fod yn drowsus hir ac yn rhy hir i fod yn drowsus cwta, roedd Twm yn berson tra gwahanol. Roedd ei ymadroddion unigryw yn donig i bawb ac roedd yr hwyl yn ddiniwed ac yn ddiwenwyn.

Ymwelydd arall oedd Ned Celwydd Golau, sef Edward Evans, Greenhill, Pontrobert, a oedd yn arbenigo mewn adrodd straeon celwydd golau am yr anghredadwy. Roedd ganddo lawer o straeon i'w hadrodd ond straeon celwydd golau oeddent i gyd! Roedd yn gweithio fel dyn ffordd y cyngor sir, ac fel 'lengthman', ef oedd yn gyfrifol am y ffordd ger Berthfawr. Roedd o'n dod i'r tŷ yn Berthfawr yn aml i gael tamed o fwyd a phaned oddeutu hanner dydd. Dyma un o storïau Ned Celwydd Golau yng ngeiriau Edith Ellis, Berthfawr ar ôl iddo gael triniaeth ar ei ddwy lygad yn Ysbyty Amwythig:

> Wel, oedd hi'n ofnadwu, just i mi golli fy neu lyged. Wyddoch chi, oedden nhw wedi tynnu fy neu lyged allan a 'di roid nhw ar ddisgl ar y bwrdd. A be welwn ni ond hen gêth fawr yn dŵad ac mi roedd hi mynd i fwyta'r llyged, ond mi weles hi ac mi roes i ergyd iddi nes roedd hi dros Bont Cymru. [35]

Yn storïwr, er yn un gwahanol, roedd gan Ned a'i deip rôl bwysig yn y gymuned, yn creu difyrrwch ac yn closio'r cysylltiadau cymdeithasol trwy adrodd straeon. Roedd straeon celwydd glân golau yn rhan o'r traddodiad o frolio yn gystadleuol ac yn chwareus i gynnal yr hwyl a'r diddanwch. [36] Byddai'r arfer o rannu straeon ar lafar gwlad yn meithrin ymdeimlad o berthyn i'w gilydd, oherwydd byddent yn perchnogi'r straeon hyn cyn eu hail adrodd drosodd a throsodd.

Roedd traddodiad yn yr ardal hefyd o lunio a rhannu rhigymau a phenillion digri yn enwedig rhai am droeon trwstan. Byddai Hugh Ellis yn cael ei gofio fel bardd doniol a chwareus nad oedd yn ofni bod yn destun hwyl ar draul ei hunan; roedd y rhinweddau hyn yn cael eu hamlygu yn y cwpled isod a oedd yn aml ar ei dafod, ond ni ellir fod yn siŵr mai ef oedd yr awdur.

> Rhai â cheg rhy hir i'w chau,
> Rhai gwirion yw'r rhai gorau.
> > Ar lafar gwlad

Byddai Hugh Ellis yn cyfuno doniau'r bardd a'r storïwr ac yn difyrru'r ardalwyr trwy gyfeirio at bethau digri a ddigwyddodd o fewn y filltir sgwâr, a fyddai o ddiddoreb mawr i bawb! Gofynnwyd iddo unwaith: "A welsoch chwi ysbryd rhywdro"? Ei ymateb oedd:

Na, welais i ddim oedd waeth na fi fy hun, ond bu'r gred yn

gyffredin iawn. Adwaenwn hen gymeriad yn agos acw oedd allan bob amser o'r nos, a hynny'n gyrru Mari ei wraig yn fflam. Un noson perswadiodd Mari Wil Cae'n-y-Mynydd fyned i'w chwitho, cynfas wen drosto a phâr o adenydd hen geiliogwydd ar ei ysgwyddau. Cyfarfu'r ddau wrth 'Dwmpath yr Ysbryd' ac wrth weld y plu meddyliodd Jac mai angel o ryw fath oedd Wil ac ebai ef, "Os angel wyt, bydd drugarog, byddai nhad am fam yn gweddïo llawer drosof. Os diafl ydwyt, yr wyf yn frawd yng nghyfraith i ti, wedi priodi Malen dy chwaer. Ond os dyn wyt ti, mi'th darawaf nes bydd hoelion dy 'sgidiau yn rhifo y ser'. [37] [38]

> Bydd Wil o'r nef yn cofio
> Y drychinebus nos,
> A'r gurfa fawr a gafodd
> Gan Jonny Tynyrhos.
>
> Bu Jac yn dal i gicio
> Am agos iawn i awr,
> A Wil yn gwaeddi mwrdwr,
> Yn lleban ar y llawr.

Darparodd Eluned Davies fewnwelediad byw ac ar y pryd o'r arfer o ymweld â chartrefi ei gilydd, trwy ddisgrifio ymweliadau Hugh Ellis gyda John a Mary Ann Davies, Coedtalog:

Rwy'n cofio ei ymweliadau â Choedtalog ddydd Sul yn ystod dyddiau cynnar y radio, ond dim ond y dechrau oedd hynny. Ar ôl bwyta swper gyda ni, yn ei arddull unigryw, byddai'n llinyn un stori ar ôl y llall, digwyddiad, digwyddiadau doniol yr oedd ganddo brofiad ohonynt. Yn y pen draw, byddai pob un ohonom yn cilio am y llofft oherwydd ein bod yn gwybod y byddai Hugh Ellis hefo ni am amser hir. Byddem yn gadael fy nhad yno i wrando a byddai yn gadael i'r tân farw, gan obeithio y gallai hyn fod yn awgrym iddo adael. Er hynny, ymlaen ac ymlaen yr âi. Fel arfer, byddai'n dri neu'n bedwar o'r gloch cyn iddo gymryd i adael.

Rwy'n credu bod fy mam yn meddu'r un diddordebau yn fwy na fy nhad. Roedd y ddau ohonynt yn hapus yn trafod achau ac yn dda am wneud hynny. Roedd hi bron yn gêm, dadleuon weithiau yn mynd 'mlaen am wythnosau. Ar ôl un o'i ymweliadau nosol, yn oriau mân y bore, ar noson niwlog iawn, clywsom weiddi enbyd. Fe ddarganfuwyd Hugh Ellis, yn llwyr ar goll, wedi crwydro oddi ar y llwybr yn y niwl ac yn sefyll ar ben llethr beryglus uwchben y pwll a gafodd ei godi i roi trydan i Goedtalog. Rwy'n credu bod y profiad hwnnw wedi sobri Hugh Ellis a lleihau ei grwydro hwyr. [39] [40]

Yn dilyn ymweliad i'r cartref gan gymydog neu gymdogion, byddai'n arferol i'w hebrwng adre hanner ffordd, am filltiroedd, yn aml ar draws y caeau a'r hen lwybrau cymunedol. Roedd yr arfer a elwir yn hebrwng yn boblogaidd yn yr ardal. Hoffai gŵr y Berth hebrwng cymydog yr holl ffordd adre oherwydd ei fod yn mwynhau'r sgwrs gymaint. Byddai hyn wedyn yn rhoi pwysau ar y cymydog i'w hebrwng yntau hanner ffordd adre, a dyma un o'r rhesymau pam y gelwid ef yn aderyn y nos!

Roedd digwyddiadau, cyrddau â dathliadau cymunedol, sef yr elfennau diwylliannol mwy ffurfiol, yn cyfrannu'n fawr i gynnal ddiwylliant gefn gwlad. Yn yr un modd, roedd diwylliant cefn gwlad y pryd hynny yn cydblethu'n agos gyda gweithgaredd crefyddol. Roedd cadw'r Saboth yn boddhau anghenion cymdeithasol ac roeddynt hefyd yn cynnal diwylliant cefn gwlad trwy gystadlu'n gerddorol a llenyddol mewn cyrddau llenyddol, cyrddau bach a chyrddau misol yn y capeli bach.

Bu enwadaeth yn ffenomenon sefydledig gymdeithasol o fewn y gymdogaeth hon fel mannau eraill yng Nghymru, ac yn creu perthynas seicolegol ddofn o fewn muriau y ddau gapel bach yn nhrefgordd Gwaenynog. Er bod teulu'r Berthfawr yn mynychu Capel Methodistiaid Calfinaidd Sardis yn nhraddodiad Calfinaidd teulu Caepenfras, bu Anne Ellis yn benderfynol o gadw ei thocyn Wesleaidd trwy gydol ei bywyd fel aelod o Gapel Wesle Saron.

Er y ffiniau enwadol hyn, roedd yn arferol i gapeli Sardis a Saron gynnal cyrddau bach a chyrddau llenyddol rhyngddynt a fuasai'n gyfryngau cystadleuol naturiol yn y byd enwadol oedd ohoni. Byddai cwrdd bach, fel yr arfer, yn cael ei gloi wrth i'r ddau gôr gystadlu, gyda Hugh Ellis yn arwain côr

Capel Sardis (Y Capel Bach)

(neu barti) Capel Sardis, ac Anne Ellis yn cystadlu fel aelod o gôr Capel Saron; dyma i chi enghraifft, efallai, o gythraul canu o fewn teulu a rhwng y capeli bach!

Roedd yr hen arfer o gynnal y cyrddau bach yn boblogaidd mewn rhannau o Faldwyn hyd at ddiwedd y 1960au. Byddai elfen a oedd bron yn llwythol ei natur yn amlygu ei hun yn y cyrddau bach rhwng Capel Methodistiaid Calfinaidd Gad a Chapel Annibynwyr Penllys ym mhlwy cyffiniol Llanfihangel-yng-Ngwynfa; gwelir eto dau gapel bach o fewn cymdogaeth fach yn cystadlu'n awchus. Hefyd, cynhaliwyd cyrddau bach yn rhyng-enwadol o fewn cymuned ehangach o gwmpas Pont Neuadd, sef capeli Methodistaidd Calfinaidd Sardis, Bethlehem, Pentyrch a Soar. Nodir pwysigrwydd y cyrddau bach o ran hyrwyddo diwylliant cefn gwlad yn y golofn 'Nodion o Faldwyn' yn y *Faner* yn 1900:

Difyrus iawn ydyw y cyfarfodydd cystadleuol a gynnelir yn y gwahanol ardaloedd yn ystod misoedd y gauaf; ac yn aml, ceir cystadlu brwd ac iachus. Heb law difyrwch, ceir llawer o adeiladaeth a hyfforddiant i ddiwyllio y meddwl. Ambell waith ymuna dau gapel; a thrwy hyny, chwanegu nerth a dyddordeb y cyfarfodydd. Cynnaliodd Undeb Llenyddol Sardis a Saron, ger Llanfair Caereinion, gyfres lwyddiannus o'r cyfarfodydd hyn y gauaf diweddaf, ac y mae un cyfarfod wedi ei gynnal eleni. Ceir cystadleuaeth ar bob math o destynau, ac yn aml gyfarwyddiadau rhagorol. Wele un enghraifft – englyn buddugol cyfarfod diweddaf Saron ar Yr Hydref ... [gan] Harri Buller y Bala, sef, Mr. H. Ellis, Berthfawr, nai Gutyn Ebrill, os nad wyf yn camgymmeryd. Gwna y cyfarfodydd hyn eu hôl ar y gymydogaeth, yn enwedig mewn ystyr gerddorol. [41]

Yn yr un modd, chwaraeai'r blygain ran bwysig wrth gynnal y traddodiad gwerin o ganu'r hen garolau. Er bod y plygain yn treiddio yn ôl i'r hen wasanaeth bore Nadolig eglwysig, fe'i haddaswyd gan yr Anghydffurfwyr, ac fe'i cynhaliwyd hefyd yn y capeli bach. Roedd awgrym yn y *Montgomeryshire Express* ar 5ed Ionawr 1909 fod y blygain yn dod yn fwy poblogaidd yn yr ardal:

A 'Plygain' was held at Bethlehem and Sardis on Monday and Thursday evening respectively, when numerous carols were sung by parties from surrounding neighbourhood. These gatherings are getting more popular of late and public interest is taken in them judging from the crowded attendance at both the above places. [42]

Gwnaethpwyd ymdrech yn y dyddiau hynny i osod dyddiadau ar gyfer cyrddau hwyrol i gyd-fynd â lleuad lawn. Roedd gan Hugh Ellis ffordd unigryw o ddisgrifio'r lleuad lawn o fewn ei filltir sgwâr, sef 'lamp y plwy', ac roedd yn fanteisiol gwneud defnydd ohoni wrth gerdded adref o'r cyrddau bach yn ystod hwyrnosau'r gaeaf.

Fe gadwodd Hugh Ellis berthynas agos â'i gyd-ardalwyr trwy gydol ei fywyd gan gymryd rhan flaenllaw mewn cynnal diwylliant cefn gwlad. Roedd yn gystadleuydd brwd a chyson yn y cyrddau llenyddol lleol, gyda swm sylweddol o'i farddoniaeth yn ymateb i destunau cystadlu y cyrddau bach o fewn ei filltir sgwâr. Mae'r cerddi, y straeon a'r hanes sydd yn y gyfrol yn rhoi blas ar fwynder y gymdogaeth a sut fyddai'r hen ardalwyr yn cynnal ei gilydd trwy greu adloniant o fewn y filltir sgwâr.

[35] Amgueddfa Werin Genedlaethol, Sain Ffagan, 12fed Mehefin 1972 – recordiad o Edith Ellis, Berthfawr yn cael ei chyfweld gan Robin Gwyndaf.

[36] Rees, A. D. (1971) Life in a Welsh Countryside, University of Wales Press.

[37] Malen – enw anwes o naill ai Magdalen neu Mari.

[38] BBC (1937) – trawsgrifiad o raglen radio BBC ar Gantref Mathrafal.

[39] Davies, E. (dim dyddiad) *I Remember*.

[40] *I Remember* gan Eluned Davies gynt o Goedtalog – ysgrifennwyd yr ysgrif hiraethus a chyfoethog hwn yn yr Unol Daleithiau ar gyfer ei merch, er mwyn creu ynddi ymwybyddiaeth o'i hetifeddiaeth. Mae'r ysgrif yn creu darlun byw o'r bobl a'r gymuned a ddylanwadodd yn ddwfn ar ei theimladau o bwy ydoedd.

[41] BAC (1900) 'Nodion o Faldwyn', *Baner ac Amserau Cymru*, 12fed Rhagfyr, 1900.

[42] MERT (1920) 'Llanfair Caereinion', *The Montgomeryshire Express and Radnor Times*, 5ed Ionawr, 1909.

Yr Ardal a'r Dirwedd

Mae'r dirwedd hynod o amgylch Berthfawr yn cynnwys tirffurfiau nodedig megis Moel Bentyrch a Phen Boncyn Moeldrehaearn. Cyhoeddwyd yr englyn 'Moel Pentyrch' yng ngholofn farddol Cynan yn *Gwalia* yn 1900 gan ei bennu'n gymeradwy. Bu'r englyn ar dafod ambell un o'r hen ardalwyr oherwydd bod y gynghanedd yn cydied, ac ei fod yn cyfleu mawredd y bryncyn goruwch y dirwedd gyfagos.

MOEL PENTYRCH [43] [44]

Moel fawr y myllt, gwyllt ei gwedd, – yw Pentyrch,
    Uwch y pantiau'n eistedd:
   Hon a saif ar ei theyrn sedd
   I ddynion wel'd arddunedd.

Golygfa tuag at Moel Bentyrch o Gapel Sardis, o fewn y filltir sgwâr

Wrth edrych allan o'r Buarth Bach wrth fynedfa'r gegin yn y Berthfawr, byddai'n amhosibl i'r prydydd anwybyddu Moel Bentyrch ynghyd â llithriad yr Afon Banwy wrth ei lethrau.

CYDIAD Y DDWY AFON TWRCH A'R BANWY

Banwy a'r Twrch geir beunydd – yn swynol
    Gusanu ei gilydd;
  Priodant, rhodiant yn rhydd
  Ar i waered i'r Iwerydd.

I fynwes lân y Fanwy – yn hir deg
    Llifa'r Dwrch gloddadwy;
  A rhedant yn ddyfradwy
  Ar y daith i'r môr eu dwy.

Yn 1887, bu'n gyd-fuddugol mewn cystadleuaeth yn Y Foel gyda'i gerdd i'r 'Afon Twrch'.

AFON TWRCH [45]

Afon Twrch risialog loew
Mor ariannaidd yw a glân,
Pan yn d'od o'i chrud boreol
Ar hyd myrdd o raian mân;
Hi ddolenna mor ardderchog
Gylch y cedyrn fryniau llwm,
Gan ymchwyddo i'w cheulanau
Wrth ymdroelli trwy y cwm.

Draw yn Foty 'nhwrch y tardda,
Yn rhededog ffrydiau glân,
Gan sisialu iaith y mynydd
Rhwng y brwyn a'r twyni mân;
Daw ymlaen yn araf, araf,
Gan gymmeryd cwmpas maith,
Ond er hynny'n benderfynol
Am gyrhaeddyd pen y daith.

Hi ddioda'r diadellau
Sydd yn pori ar ei glan,
Ac mor swynol ddisycheda
Deulu'r dyffryn ym hob man;
A thrwy ddolydd brâs meillionog
Sy'n dwyn cynnyrch mawr o rîn,
A rhydd ffarwel dawel iddynt
Gan roi cusan ar eu min.

Yn ei dyfroedd iachau hawddgar
Y mae myrdd o bysgod mâd,
Rhai sy'n hoenus, nwyfus nofio
Yn ei dyfroedd mewn mwynhad,
Yn y diwedd ymarllwysa
I'r hen Fanwy ei holl stôr,
A myn gwmni hoen i deithio
Trwy y gwledydd tua'r môr.

Daeth yn gyd-fuddugol gyda Robert Gittins, Dolanog ar y gân 'Yr Olygfa o Allt Dolanog' yn Eisteddfod Dolanog yn 1892. Yn ddiweddarach cafodd y gerdd 'Yr Olygfa o Allt Dolanog' ei chyhoeddi yng nghyfnodolyn *Cymru* yn 1906 o dan olygyddiaeth Syr O. M. Edwards. Buasai'n gyfarwydd gyda'r golygfeydd oherwydd byddai teulu'r Berth yn arfer cynaeafu rhedyn ar y comin fel deunydd gwely i'r anifeiliaid yn Berthfawr. Mae'r gerdd 18 pennill yn gynhwysfawr ac yn disgrifio golygfa 360 gradd ac yn cyfeirio at anheddau a thirwedd yr ardal wrth roi blas ar fwynder Maldwyn.

GOLYGFA O BEN ALLT DOLANOG [46]

Allt Dolanog, mae dy enw
Di yn uchel yn y byd,
Gwreng a bonedd sy'n edmygu
Dy urddasol wedd o hyd;
Mewn cadernid yr eisteddi
Goruwch yr holl drumau ban,
Hardd frenhines glodfawr ydwyt,
Sy'n weledig o bob man.

Esgyn wnaf i'th goryn cribog
Ar foreuddydd hyfryd haf,
I gael gweled anian brydferth
Wedi'i gwisgo gan ein Naf; [47]
Mae'r olygfa a geir yno'n
Llawn o dlysni o bob rhyw,
Braidd na ddwedaf yn ddibryder
Mai paradwys Cymru yw.

Trof fy ngolwg tua'r dwyrain,
Hardd olygfa yno sydd,
Gweled brenin enwog anian
Yn agoryd dorau'r dydd;
Daw ymlaen o hyd gan wasgar
Ei belydrau disglair hael,
Gan farchogaeth y cymylau
I roi cusan ar dy ael.

Afon Fyrnwy rhwng y bryniau
Welaf yn dolennu'n hardd,
Myrddiwn o gysuron rhadlon
Geir o'i mynwes dêr yn tardd;
Torri angen y dyffrynnoedd
A wna heddiw fel erioed,
Peraidd fiwsig geir o'i murmur
Tra yn dawnsio wrth dy droed.

Is dy law mae Plas Dolanog,
Godidocaf deyrn y glyn,
'Rhwn sydd ers canrifau meithion
Ar ei orsedd yn ddigryn;
Ar ei gyfer y canfyddaf
Ben y Graig a'i gorun llwm,
Fel pe byddai yn astudio
Pwysig weithrediadau'r cwm.

Buarth Bachog a Bryn Glocsen
Welir draw ym mhwynt y de,
Gyda'u huchel bennau beilchion
Yn ymgodi tua'r ne;
Bwlch y Gelli uwch eu pennau
Geir mewn bri ar glogwyn derch,
Saif o hyd gan rymus herio
Awchus fin y storom erch.

Y Tŷ Ucha mewn awdurdod
Welir draw yng nghwr y llwyn;
A Phant Gwyn, anedd-dy prydferth
Sy'n gyfoethog iawn o swyn;
Ceir y Cottage a'r Hen Dafarn
Yn ei ymyl ar naill law,
Gwelir hefyd Fron yr Argae
'N cuddio yn y gilfach draw.

Is dy droed mewn gwir arddunedd
Saif y pentref bychan clyd,
Hwn a erys ar y llecyn
Mwyaf annwyl yn y byd;
Yn amgáu o'i gylch fel caerau
Ceir y bryniau hardd eu gwedd,
Fel pe byddent ofn i rywbeth
Aflonyddu ar eu hedd.

Ar y bryn yng nghwr y pentref
Saif yr eglwys gyda threfn,
Ac o dani rhwng y creigiau
Rhed y Fyrnwy donnog lefn;
Yno dan yr ywen frigog
Huna fy nghyfoedion gwiw,
Yn y bedd, nes traidd taranol
Ganiad hirllaes udgorn Duw.

Ar dy fynwes addurniadol
Saif yr enwog Ben y Bryn,
Ac o dano ceir y Felin,
Prif ystordy mawr y glyn;
Anian a chelfyddyd welir
Yma wedi uno 'nghyd,
Ac yn gweini'n rhwydd er rhoddi'i
Hael i'r oes wrth falu'r ŷd.

O fy nghylch ym mhob cyfeiriad
Gwelaf feysydd teg eu gwawr,
Yn eu helfen yn dwyn cynnyrch
I drigolion daear lawr;
Gerddi a pherllannau gwyrddlas
Welir yn addurno'r wlad,
Ac yn darbod trwy'r blynyddau
Bu'r flasusfwyd inni'n rhad.

Tra yn gadael bro Dolanog
Mi edrychaf tua'r de,
Swynion ar ôl swynion welaf
Ar fy nghyfer ym mhob lle;
Yn gyfagos ceir Moel Bentyrch
Yn ymgodi tua'r nen,
Olew pur aur lestri natur
Sy'n eneinio gwallt ei phen.

O fy mlaen mae ardal Llanfair
'Nghyd a llu o fryniau ban,
Megis milwyr ymosodol
Yn amgáu o gylch y Llan;
Ac o tano saif y Trallwm
Gyda pharc y Castell Coch,
Lle bu'r gad yn cynnal brwydrau
Gyda grym magnelau ffroch.

Nes i'r dwyrain bryniau Meifod
Ymestynant tua'r nen;
Craig y Gwreiddyn ger Amwythig
Welir hefyd heb un llen;
Yn nes atom ceir Pont Robert,
Dyffryn bychan glân ei glog,
Sydd yn hawlio ei orweddle
Rhwng y bryniau cedyrn crog.

Pan yn gosod fy ngolygon
Tua phwynt y gogledd draw,
Dolwar Fechan saif mewn urddas
Yn yr hafan is fy llaw;
Dyma'r man lle bu Ann Gruffydd,
Prif farddones Cymru'n byw,
Yn emynnu yn glodforus
O dan ysbrydoliaeth Duw.

O fy mlaen mae Llanfihangel
Yn llawn bryniau prydferth hy,
Ceir eu pennau megis grisiau
'N dalp uwch talp yn esgyn fry;
Ar eu gliniau ceir Pont Llogel,
Ardal fechan gâr fy mron,
Plas y Parc, a gwigoedd Caerog,
A geir yn nodweddu hon.

Yn y pellder bryniau Wddyn
Geir yn gwenu ar y llyn,
Wrth eu 'sgwyddau saif y Berwyn,
Bryn yr iâ a'r eira gwyn;
Aran Fawddwy ym Meirionnydd
A ymgyfyd yn ddigoll,
Ar ei gorsedd ceir y Gader
Yn teyrnasu arnynt oll.

Gorchwyl anhawdd imi ydyw
Rhoi disgrifiad hanner llawn,
O'r holl olygfeydd ysblennydd
Oddiar dy goryn gawn;
Prif wrthrychau mwyaf hudol
Fritha'r fro yw temlau Duw,
Rhai sy'n tystio fod efengyl
Ein Gwaredwr eto'n fyw.

Cafodd nifer o'r gwrthrychau a grybwyllir yn 'Yr Olygfa o Allt Dolanog' sylw mewn cerddi ar wahân. Roedd yn hoff iawn o dreulio amser ar Bont Dolanog, yn tynnu ar ei getyn, ar ôl prynu baco yn 'Siop Mrs Gittins'; byddai'n gyfle perffaith i fyfyrio a chyfansoddi ambell linell wrth syllu ar Afon Efyrnwy.

PONT DOLANOG

Adail hen yw Pont Dolanog – grogir
    Ar greigiau danheddog;
  Da yw ein lle, mae'n dwyn llôg
  I uno ein gwlad enwog.

Yn dorf unol, gwna'i dur feini – ceinwych
    Ein cynnal fynd trosti;
  A rhed y pêr leufer li
  Y donnog Fyrnwy dani.

PLAS DOLANOG

Diail annedd ger Dolanog – ydyw'r
   Hudol Blas godidog;
  Euraidd glwys, a rhydd ei glog
  Glod annwyl i'n gwlad enwog.

Fel Anghydffurfiwr, byddai'n naturiol i'w fyfyrdod fod ar annedd arall yn ardal Nolanog, sef Dolwar Fechan, gan roi sylw ar fywyd a dylanwad yr emynyddes, Ann Griffiths. Cafodd y cywydd 'Dolwar Fechan' ei gyhoeddi yng nghyfnodolyn *Cymru* yn 1906.

DOLWAR FECHAN [48]

Dolwar Fechan glân ei glog,
Dedwydd mewn gwlad odidog;
Yn llawn swyn i'n llonni sydd,
Breiniawl cydrwng y bronnydd;
O'i flaen mae'r hen Allt enwog,
Euraidd a glwys mewn hardd glog,
Yn deyrn saif ar gadarn sedd
Oddiarno mewn addurnedd.

Mewn trefn wrth ei gefn yn gu
I'w iachusol lochesu,
Ceir yn glau fryniau o fri
Yn addas i'w lawn noddi;
Dwg y rhain yn gain eu gwedd
Gynnyrch o bob digonedd,
Yn fawr hedd foreu a hwyr,
Yn selog i'r preswylwyr;
Ar ei lithrig fawr lethrau,
Ha! mae'r ŷd yn mawrhau,
A'i rawn myg llawn rhin a maeth
Ddaw'n elw i ddynoliaeth.

I'n dae'r lawr bu'n dŵr o les
I noddi emynyddes;
Cun odlau pert caniadlawn
Rodd i Dduw gyda rhwydd ddawn;
Bu'n lwyfan i'r gân er gwau
Y blith hudol blethiadau;
Ann Gruffydd rydd fywgraffiad
I'w fur glwys ar lafar gwlad.

Ar ddechrau'r ugeinfed ganrif, Cymraeg oedd iaith bob dydd Dyffryn Banwy ac roedd llawer o siaradwyr Cymraeg yn byw yn Llanfair Caereinion, sef pentref yn eistedd ar y ffin ddwyreiniol rhwng yr ardaloedd Cymraeg a Saesneg. [49] Roedd Llanfair Caereinion hefyd yn ganolfan fasnachu fyrlymus gyda llawer o siopau. Cynhaliwyd ffeiriau da byw ar strydoedd Llanfair tan oddeutu dechrau'r Rhyfel Byd Cyntaf, gydag anifeiliaid fferm wedi'u clymu ar ochr y stryd yn aros am brynwyr. Buasai Hugh Ellis yn gyrru gwartheg i Ffair Llanfair Caereinion a Ffair Trallwng. Yn ddiweddarach, defnyddiwyd y trên bach i fynd ag anifeiliaid fferm Berthfawr o orsaf Llanfair Caereinion i Farchnad Y Trallwng.

Rhoddodd Hugh Ellis ddisgrifiad hanesyddol o'r bont wreiddiol dri bwa yn Llanfair Caereinion cyn iddi gael ei hailadeiladu yn 1906 fel pont un bwa.

PONT LLANFAIR CAEREINION

Adail hardd hynodol yw hon – gadarn
Godwyd i fforddolion;
Hir y deiad, herio'r don [50]
Wna pentanau Pont Einion.

CLOCHDY LLANFAIR

Hudolus binacl dieilydd – ydyw'r
   Odiaeth glochdy celfydd;
A'i euraidd ben ysblennydd
Yn fawr swyn uwch Llanfair sydd.

PARC NEWYDD LLANFAIR CAEREINION

Hudol lannerch dawel lonydd – ydyw'r
   Coediog 'Bore Newydd';
Eisteddwn, rhodiwn yn rhydd
Yn ei gôl gyda'n gilydd.

Pur anaml y byddai'n barddoni ar leoedd tu allan i'w filltir sgwâr, ond daeth yn fuddugol mewn cwrdd llenyddol yn Llanerfyl yn 1889 ar bedwar pennill i'r 'Castell Coch, ym Mhywys, a'i berchennog'. [51] Mae'r llinellau nawr ar goll, ond fe gyflwynodd englyn Saesneg i'r 'Castell Coch' ger y Trallwng.

CASTELL COCH

I bet that, no place beat this – in Britain,
   Much brighter than Paris;
Grand Hall on a nice ground is
Pure for Earl of Powis.

Mae'r elfen o ddirgelwch mewn cerdd yn gallu amlygu ei hun wrth geisio dirnad dehongliad y bardd o'r testun. Efallai fod Hugh Ellis yn gwneud cymhariaeth gyda Phalas Versaille oherwydd roedd statws y teuluoedd bonheddig yn cael ei gysylltu gyda gwychder y plasty. Gellir gwerthfawrogi fod ein dehongliad o farddoniaeth yn beth personol ac yn gallu amrywio wrth gyflwyno'n persbectif ein hunain.

    Fe amlygodd Hugh Ellis ei gariad a'i hoffter at ei ardal yn y gerdd 'Dyffryn Banwy', sef yr ardal yn cwmpasu rhediad yr Afon Banwy o Fwlchyfedwen ger Dolmaen tuag at Lanfair Caereinion, cyn iddi ymuno â'r Afon Efyrnwy ger Castell Mathrafal. Roedd y gerdd yn ymdrin gyda'i hoff destunau megis y dirwedd, y bobl, crefydd a Mwynder Maldwyn.

DYFFRYN BANWY

Ardderchog Ddyffryn Banwy
Mor swynol ydwyt ti,
Nid oes o Fôn i Fynwy
Un man mor hoff i mi.
Rwy'n caru y mynyddau
O'i gylch yn ôl a blaen
Ar eang wastadeddau
O Lanfair i Dolmaen.

Mor dlos dolenna'r Fanwy,
Cyfrannu wna o'i stôr
Wrth fynd i gwrdd y Fyrnwy
I chwilio am y môr.
Myn olchi traed y llethrau
Gan ddweud ni ddof yn ôl,
Rhydd ffarwel trwy gusanu
I wefus lân y ddol.

Cynhyrchiol yw y meysydd
A llawn o dlysni byw,
Ac mewn anheddau celfydd
Preswylia dynolryw;
Y temlau sy'n ei fritho
I mi sy'n rhoi mwynhad,
Mae rhain yn dal i dystio
Fod crefydd yn y wlad.

Celfyddyd i'w goroni
Sydd yn anturio dod,
A meibion Banwy'n gwaeddi
"I fyny byddo'r nod".
Melltena y gwefrebydd
I foddio mawr a mân
Cyn gwneuthur pawb yn ddedwydd,
Rhaid cael y 'Ceffyl Tân'.

Cafwyd symudiad yn yr ardal, cyn hwyred ag oddeutu 1920 i ymestyn lein y trên bach o Lanfair Caereinion i Langadfan, a thybir fod gŵr y Berth yn frwd am gael y 'Ceffyl Tân'! Gellir dadlau fod y pennill olaf yn ychwanegiad diweddarach ac nad yw'n gweddu'n gyfforddus i naws ramantaidd y gerdd. Er hynny, mae'r gân yn canmol nodweddion godidog Dyffryn Banwy ac yn clodfori bywyd a diwylliant a phrydferthwch y fro.

[43] G (1900) 'Moel Pentyrch', *Gwalia*, 8fed Medi 1900.

[44] BAC (1906) 'Moel Pentyrch' a 'Twyllwr', *Baner ac Amserau Cymru*, 10fed Hydref 1906.

[45] BAC (1887) 'Afon Twrch', *Baner ac Amserau Cymru*, 7fed Rhagfyr 1887.

[46] Edwards O.M. (Golygydd) (1906) 'Golygfa o Ben Allt Dolanog', *Cymru*, Cyfrol 30.

[47] Naf – Arglwydd.

[48] Edwards, O.M. (Golygydd) (1906) 'Dolwar Fechan', *Cymru*, Cyfrol 30.

[549] Pryce. W.T.R (1991) *The Photograher in Rural Wales, A Photograhic Archive of Llanfair Caereinion and its region, 1865 – 1986.*

[50] Deiad – ffurf.

[51] YL (1889) 'Castell Coch, ym Mhywys, a'i berchennog', *Y Llan*, 3ydd Mai, 1889.

Natur a'r Tymhorau

Cyflwynodd Hugh Ellis ambell i foliant i'r fam ddaear, ac roedd amryw o'i gerddi wedi'u hysbrydoli gan fyd natur a'i gynefin.

DYFRGI [52]

Lleidr cudd, llofrudd mewn lli – am abwyd
 Ymwybia y dyfrgi;
 Llwyd ei gorff yw'r llidiog gi,
 Ar bysgod y câr besgi.

OTTER

Wild fellow shy old fowler – his fashion
 Is fishing the river;
 Not so tall, but a stealer – we all know
 On his photo, well he is a fighter.

Er bod ambell i naturiaethwr rhwystredig yn gwybod pa mor swil ydi'r dyfrgi, ymddengys ei fod wedi gweld y lleidr cudd ar ddolydd Berthfawr. Roedd yr englyn i'r 'Dyfrgi' yn fuddugol yn Eisteddfod Llansantffraid yn 1906, a thybir fod yr englyn toddaid yr 'Otter' hefyd yn ymateb i restr testunau cwrdd llenyddol trwy lunio englyn yn seiliedig ar lun o ddyfrgi, mae'n debyg!

Er na fyddai'n ystyried ei hun yn naturiaethwr, dangosodd Hugh Ellis werthfawrogiad o Rowland Morgan, Llertai, hen naturiaethwr greddfol a chraff ei lygaid:

Dyn bychan o gorff, ond dyn mawr ym myd meddwl ydoedd Rowland Morgan. Byddai yn dra hoff o astudio daeareg, gwyddoniaeth ac athroniaeth. Nid wyf yn meddwl iddo ddyfod yn fawr o 'expert' ar nemawr bwnc. Nid dyn yr un peth ydoedd. Y mae ambell i ddyn yn gwybod popeth am rywbeth, ond dyn yn gwybod rhywbeth am bopeth ydoedd Rowland Morgan. Yr ydoedd yn deithiwr ar raddfa pur eang yn y cylchoedd bychain hyn. Ni chlywais iddo erioed fod yn Llundain, Llyneifiad na Manceinion. Ond gwyddai am bob ysmotyn bron o Feifod i Fawddwy, yn enwedig Foty Dyfnant i Foty yn Nhwrch. Mab y mynydd ydoedd ac ym mhlith y defaid ac ieir y mynydd y carodd fyw. Pan ar ei daith o'r naill gwmwd i'r llall byddai bob amser yn astudio rhywbeth. Nis gallai basio blodyn heb wneud sylw ohono. Yr oedd yn sylwebydd craff ac fel pob naturiaethwr yr oedd yn gweled rhyw dlysni dihafal yn holl waith Rhagluniaeth. [53]

Cafwyd dirywiad enfawr yn nifer y blodau gwyllt cynhenid ers y 1930au yn dilyn newid yn y dulliau o ffermio. Un o'r blodau gwyllt tlws hynny a ddenodd sylw Hugh Ellis oedd Lili'r Dyffryn a fyddai'n addurno'r coedlannau lleol.

LILI

Sawrus flodeuyn siriol – oleulwys
   Yw'r lili naturiol;
  Hardd y saif yn ei hardd siôl
  Yn arglwyddes ryglyddol.

MORGRUGYN

Digoll thraw i'r diogyn – ydyw'r
   Goludog forgrugyn;
  Er gaeaf mae'r haf er hyn
  A'i foethau yn ei fwthyn.

Roedd fel ffermwr yn synhwyro ac yn addasu i'r newidiadau tymhorol a fyddai'n dylanwadu ar dasgau a gweithgaredd amaethyddol. Byddai patrwm tymhorol gwaith amaethyddol yn siwtio'r bardd; er prysurdeb amseroedd cymharol brysur yn y gwanwyn a'r haf, byddai'n manteisio ar y cyfnod mwy segur yn ystod y gaeaf er mwyn ymateb i restrau testun y cyrddau llenyddol a'r cyrddau bach.

MIS MAWRTH

Mis hyllig ystormus hollol – yw Mawrth
　　Yn llawn min awchusol,
　A chur-wynt mwyaf chwerol
　Llym geir yn llamu o'i gôl.

YR HYDREF [54]

Mis Hydref ystormus adran, – deifiol
　　Yn difa gwrid anian;
　A'i wylofus gyflafan,
　Yn torri lawr natur lân.

Yn anffodus, collwyd dros amser y stori tu ôl i'r penillion 'Telyneg yr Hydref', ynghyd â'r cefndir i'r unigolion a'r llefydd, sy'n creu dirgelwch ac yn gallu peri rhwystredigaeth i brofiad y darllenydd.

TELYNEG YR HYDREF

Mae'r Gaeaf yn dyfod, medd anian dlos,
Byrhau wna y diwrnod, a hir yw'r nos:
Encilia'r hin tesog a dyddiau braf,
Mae'r Hydref yng ngogoniant haf.

Mae'r iâ ar y bryniau, a'r Wyddfa wen
Mewn gwisg offeiriadol o'i thraed i'w phen;
Maes Salmau'r awel sy'n dod o draw
Yn addaw fod hinion oerach gerllaw.

Rhaid tynnu'r gadair yn nes i'r tân,
I wrando hanesion adroddai Siân;
Ar aelwyd lân gynnes, hoff bleser merch,
Yw darllen adnoddau "llyfr cofion serch".

Ar noson o Hydref, os cofi, John,
Cwrddasom ni gyntaf wrth bont Llwyn Onn;
Dryswyd dwy galon rywsut yn lân,
Wrth fynd i Lanunsant i'r ysgol gân.

A wyt ti'n cofio'r Onnen fawr,
A'r gwynt yn chwyrnellu a'i dail i lawr?
Ac yno dysgasom o dan y pren
Swyn nodau "Serch Hudol" a "Mentra Gwen".

Mis Hydref collasom Myfanwy Ann,
A'i hebrwng a wnaethom i erw'r llan;
Mae blodau'r pren Almon yn dweud yn glir,
Mai yno y byddwn ein dau cyn hir.

Pan ofynnwyd iddo gyflwyno ei gerddi i'r *County Times* yn 1937, fe gyflwynodd fersiwn diweddarach o 'Telyneg yr Hydref', sef 'Calan Gaeaf'.

CALAN GAEAF [55]

Mae'r gaeaf yn dyfod, medd anian dlos,
Byrhau wna y diwrnod, a hir yw'r nos;
Mae salmau yr awel sy'n dod o draw,
Yn sôn am amserau oerach gerllaw.

Rhaid tynnu'r gadair yn nes i'r tân,
I wrando hanesion adroddai Siân;
Ar aelwyd lân gynnes, hoff bleser merch,
Yw darllen adnoddau "llyfr cofion serch".

Ar noson o Hydref, os cofi, John,
Cwrddasom ni gyntaf wrth bont Llwyn Onn;
Dryswyd dwy galon rywsut yn lân,
Wrth fynd i Lanunsant i'r ysgol gân.

A wyt ti'n cofio'r Onnen fawr,
A'r gwynt yn chwyrnellu a'i dail i lawr?
Ac yno dysgasom o dan y pren,
Swyn nodau "Serch Hudol" a "Mentra Gwen".

Mae gaeaf ein bywyd yn agoshau,
A blodau'n pren almon yn amlhau;
Daw gwynt y Gorllewin i ruo'n groch,
A'n hawrlais i daro deuddeg o'r gloch.

Fe luniwyd dwy delyneg serchus a thymhorol eu naws gan gyflwyno neges yn ymdrin gyda llanw a thrai bywyd.

[52] BAC (1906) 'Dyfrgi', *Baner ac Amserau Cymru*, 4ydd Hydref 1906.
[53] Ellis, E (1921) 'Llyfryn Llanfair Caereinion Dairy Class' – portreadau yn y cefn gan Hugh Ellis o Rowland Morgan, Richard Hughes a William Williams.
[54] BAC (1900) 'Yr Hydref', *Baner ac Amserau Cymru*, 12fed Hydref 1900.
[55] MCTSMWA (1938) 'Calan Gaeaf', *The Montgomeryshire County Times and Shropshire and Mid Wales Advertiser*, 29ain Hydref 1938.

Y Ffermwr

Ffermwr oedd Hugh Ellis wrth ei alwedigaeth, ond nid ffermio o reidrwydd oedd yn hawlio ei ddiddordeb bob amser.

AMAETHWR

Deallus fel diwylliwr – daear werdd,
    Dewr a hoff wladgarwr;
  A di-siom darbodus ŵr
  Ein moethau yw'r amaethwr.

Er bod llawer o'i farddoniaeth yn meddu ar flas y tir, weithiai gallai ei feddwl fel y bardd-freuddwydiwr fod yn bell o'r ffermio! Roedd disgrifiad Eluned Davies ohonno, yn gymorth o ran adeiladu dealltwriaeth o'i agwedd tuag at ffermio:

> Person tra gwahanol oedd Hugh Ellis y Berth. Roedd ef yn ddyn eitha trwchus... ddim yn or-frwdfrydig fel ffermwr. Roedd wrth ei fodd mewn gweithgareddau eraill, ysgrifennu barddoniaeth (ddoniol) ac adrodd straeon.' [56]

Ceir awgrym ychwanegol o'i ogwydd tuag at ffermio yn y golofn 'Ar fy hynt i Drefaldwyn' yn y *Faner* yn 1906:

> Cefais wythnos boeth ryfeddol i deithio ym mro Maldwyn, trwy Amwythig. Cyfarfyddais ag aml un oedd ar ei hynt fel finnau, ac yr oeddwn yn gweled pawb yn llawn gwaith yno, er bod y gwres yn fawr – gyda'r ŷd – tra yr oedd eraill, y rhai diogaf, gallwn feddwl, gyda'r gwair. Y mae rhyw bobl yn llusgo ar ôl yn mhob gwlad. Cyfarfyddais â rhai felly ym Maldwyn, y rhai oedd heb gael y gwair i mewn yr wythnos olaf o Awst. Onid oes arnoch gywilydd, mewn difrif, wedi cael tywydd mor ryfeddol o ffafriol. Aethum i hen ardal dawel Pontrobert, i weled fy hen ffryndiau... Aethum yn ôl fy addewid, hefyd, i'r Berth. [57]

Ni wyddom pwy oedd y ffermwyr hynny a oedd yn llusgo'r cynhaeafu ond ymddengys fod gan gŵr y Berth ddigon o amser i ymddiddan gyda'r gohebydd ynghanol y cynhaeaf!

Er bod ei feddwl yn aml ar y barddoni, gwyddai mai ffermio oedd ei fara menyn, oherwydd meddai lygad at adnabod anifeiliaid graenus a hoffter at besgi bustych. Hoffai dreulio amser hefo'r bustych wrth flawda ac yntau'n hela myfyrdod, weithiau yng nghwmni rhai o gogie'r Berth, ac yna eu cario am adre ar draws ei gefn yn y sach flawd! Ystyrid ei fod yn graff wrth ddewis ceffyl, gyda'r gallu i ennill ceiniog trwy brynu a gwerthu.

Roedd gŵr y Berth yn edmygus o ffermwr arall sef ei ffrind, Edwin Jones, Plascoch, ac yn yr englyn 'Gŵr Plascoch' ceir canmoliaeth o'r ffermwr a dathliad o ddyfodiad un o'r moduron cyntaf yn yr ardal.

GŴR PLASCOCH

> Yn ei gar mae'n ddiguro – ar ei fferm
>   Ac ar ffair mae'n effro;
>   Mae lle diddan dan ei do,
>   A buddiol sgwrs lle byddo.

Cedwid gwartheg, defaid, moch, ieir, gwyddau a hwyaid yn Berthfawr. Mewn darllediad gan y BBC ar 'Gantref Mathrafal' yn 1937 wedi ei gadeirio gan D. Pierce Roberts, cafwyd disgrifiad gan Hugh Ellis am y newidiadau mewn ffermio yn ystod ei fywyd:

Yr wyf wedi byw ar hyd fy oes yng Nghantref Mathrafal. Sicrhaf i chwi fod amaethu'n wahanol iawn heddiw i'r hyn ydoedd pan wyf yn cofio gyntaf, dyweder tua 1870. Llafurio'r tir a chynhyrchu bwyd i ddyn ac anifail oedd arwyddair amaethwr y dyddiau hynny, ond dibynnu ar wledydd tramor ydyw ffasiwn yr oes hon. Yn y dyddiau gynt gofalai meistres am rent y gaeaf gyda'r caws a'r menyn, a'r meistr am rent yr haf efo mwdwl neu ddau o wenith... amaethir y rhan fwyaf o'r tir yn bresennol gyda 'stick and dog'.' [58] [59] [60]

Ymddengys mai ei gerdd amaethyddol gyntaf oedd 'Y Bugail' a gyhoeddwyd yn 1884 yn ystod ei ddyddiau cynnar yng Nghaepenfras. [61] Yn ddiweddarach lluniodd ddau englyn i'r un testun, sef 'Wy Iâr' ac 'Egg'.

WY IÂR [62]

Da hollol cryf ymborth dillyn – ydyw'r
   Hudol wy gwyn-felyn;
  Un maethol gwrn amheuthyn,
  Iâr a'i dwg ar gyfer dyn.

EGG

So noted to please an eater – a fine
   Lovely food for dinner;
  A new egg, as you know 'Syr',
  Is appy for good supper. [63]

Pur anaml y byddai'r prydyddion yng Nghymru yn troi at englyna yn y Saesneg, gyda Hugh Ellis o bosib yn dangos mwy o fenter na'r rhan fwyaf ohonynt. Weithiau byddai testunau cystadlu'r cyrddau bach neu'r cyrddau llenyddol yn gwahodd englynion yn y Saesneg, ac mae'n ddiddorol nodi iddo ddod yn fuddugol ar y 'Mouth Organ' mewn cyfarfod cystadleuol yn Nolanog yn 1915. [64] Buasai'n llawer llai cyfforddus yn siarad ac yn englyna yn y Saesneg. Er hynny, clywir y cytseiniaid yn ailadrodd ac yn clecian ac fe glywir sain yr odl fewnol, er nad yw'r odl weithiau yn weledol yn ysgrifenedig, oherwydd nid yw'r Saesneg yn iaith ffonetig!

WINTER COW

So highly easy seller – is a cow,
   Gives a calf in winter;
  A grand show on ground is her
  Beauty for milk and butter.

Etifeddodd Anne Ellis, fel 'meistres am rent y gaeaf', felin gaws y Neuadd Wen ond daeth y cynhyrchu caws i ben yn y 1920au. Bu Edith Ellis yn cynhyrchu a gwerthu menyn tan ddechrau'r 1950au.

Y FUDDAI

Da hollol beiriant dillyn – yw'r fuddai
    Gwir foddion at enllyn;
  Nodd y ddol er nawdd – i ddyn
    Yn fanwl gordda'n fenyn.

Ar ddechrau'r Ail Ryfel Byd, fe drawsnewidiwyd strwythur amaethyddiaeth er mwyn sicrhau llai o ddibyniaeth ar fewnforion bwyd o wledydd tramor. Anogwyd ffermwyr i roi glaswelltir o dan yr arad. Tyfid ŷd yn Berthfawr ar sail cylchdro cnydau ar gaeau Erwydd, Greenhall, Cae Gadlas, Cae Canol, Cae Maes, Pwllcwrw a Bryn Ysguboriau. Byddai Jones y Dyrnwr, sef John Jones (Jac Lawnt), Efail, Llwydiarth, gynt o'r Lawnt, Llanerfyl, yn mynd rownd y ffermydd gyda'i beiriant dyrnu a'i injan stêm. Roedd y llafur cymdogol yn hanfodol yn y cynhaeaf ŷd ac ni ddylem ddiystyru fod y ceffylau cyfagos yn rhoi cymorth i Lion, sef ceffyl y Berth, i dynnu'r injan stêm!

Y DYWYSEN [65]

Tewfrig grogedig yden – ar irwellt
    Yw'r eurog Dywysen,
    Ddyry Iôr o'r ddaear hen
    Yn fur rhyngwyf â'r angen.

Ceir stori am dorri'r ŷd ym Mhwllcwrw, sef cae o oddeutu pedair erw. Dechreuwyd ar y gwaith gan dri phladurwr am bedwar o'r gloch cyn i'r haul godi, gyda Hugh Ellis yn hogi'r pladuriau, gan roi'r "min ar ei din o dan y sietin". [66] [67] Dyma lle byddai'n hogi un bladur ar ôl y llall tan iddynt orffen y pladuro erbyn canol bore. Yn sicr roedd gallu'r hogwr i roi min yn llawn mor bwysig â llafur a medr y pladurwr.

PLADUR

Prif arf celf o awchus elfen – ydyw
   Pladur, etyb ddiben;
Ei llafn dur yn bur sy'n ben,
I dorri cnwd daearen.

Yn ddiweddarach, bu John Ellis Lewis, Moeldrehaearn yn hel atgofion am ei Ewythr Hugh yn pladuro:

Mi wela i o rŵan yr hen Huw Ellis neu Hugh Ellis, o bosib, iddo gael ei enw fel oedd drefn yr oes, yn torri esgiell â phladur yn un o gaeau Berthfawr o dan Moeldrehaearn 'ma. [68]

Roedd y Berthfawr am gyfnod – tan i'r wyrion ddod yn ddigon abl i ddechrau helpu – yn cyflogi gwas. Bu David Poole a Bert Roberts, Tŷ Capel Saron yn weision yno, ac meddai teulu'r Berthfawr feddwl mawr ohonynt. Cyflogid cymeriadau lliwgar fel llafur ychwanegol hefyd yn ystod yr amserodd prysur, megis Thomas Griffiths (Twm Bryn Glocsen), Gomer Davies, John R Hughes (Jac Bryncydyn), a John Williams (John Danglwst) oherwydd pwysigrwydd cwmnïaeth a hwyl y cynhaeaf!

Byddai Twm Bryn Glocsen yn cael gwaith o bryd i'w gilydd ac yn awyddus i blesio, ond roedd yn anwadal am gadw at y 'job'. Un tro, bu'n helpu cymydog chwalu'r tail ond cafodd ddigon gan adael pethe ar ei hanner a rhoi nodyn ar y fforch ynghanol y cae, cyn troi am adref: "Not feeling good, worse after getting home"! Tro arall, cynigodd dorri ffos ar ddolydd Berthfawr. Cafodd ddechreuad gwych, gan fod y ffos yn unionsyth ac yn hynod o lydan, ond yn fuan iawn fe ddechreuodd Twm llacio unwaith eto! Aeth y ffos yn gulach ac yn gulach, cyn mynd yn droellog er mwyn osgoi'r cerrig ger yr afon, gan fod Twm heb falio dim i'w godi! Er bod pawb o fewn yr ardal wedi clywed y straeon hyn, byddai gŵr y Berth yn parhau i'w gyflogi, oherwydd Twm oedd Twm, ac roedd yr hwyl a'r cyfeillgarwch yn llawn mor bwysig.

Dangosodd Hugh Ellis werthfawrogiad o gyfraniad cynorthwywyr eraill ar y fferm, sef y gath a'r ci defaid.

CI DEFAID

Byw ei galon, ci bugeilydd – hwylus
　Heliwr mawr ei glodydd;
　Arch gorlanwr, rhedwr rhydd,
　Llyw breiniol, iarll y bronnydd.

Peth naturiol iawn i ffermwr yw canmol ei hoff gi defaid ynghyd â'r rhinweddau gwych sy'n deillio o'r gangen deuluol. Roedd yr englyn i 'Shanko' yn adlewyrchu'r traddodiad o frolio'n gystadleuol tra'n creu diddanwch. Mae'n siŵr fod hyn yn orchwyl hawdd iddo oherwydd roedd yn hoff o olrhain achau yn ôl y traddodiad prydyddol o'r Oesoedd Canol, fel y gwelir yn yr englyn i 'Shanco'!

SHANKO

Shanco nid oes dy sioncach – ar ddofi'r
　Defaid, p'le mae'th gallach?
　Da ei foes, mab Lady Fach – a Spotyn,
　Yn frawd i Sherpyn, nid oes frid sharpach.

Cafodd yr englyn 'Pussy' ei gyhoeddi yn *Y Cymro* yn 1918, ac yn ddiweddarach yn y *County Times* yn 1937 gan dderbyn y sylw isod:

Gorchest gan feirdd weithiau yw cyfansoddi Englyn Saesneg. Gwaith pur anhawdd canys iaith wael i gynganeddu ynddi ydyw Saesneg. Un o'r rhai gorau a welwyd yw'r un a ganlyn gan Mr Hugh Ellis, Berthfawr. Y mae'r cwpled olaf yn ddiguro, y drydedd llinell yn ddarlun byw cyfan, a'r olaf yn Gynghanedd Groes Rywiog a phob cytsain ynddi'n clecian. [69]

PUSSY [70]

Pussy, her occupation – is a maid,
   Knows a mouse direction;
  Saucy when in possession,
  Will eat a rat later on.

Roedd dirwasgiad y tridegau yn gyfnod anodd ym myd ffermio ac yn aml iawn roedd hi'n broblemus dod o hyd i brynwyr, derbyn pris teg a chael gafael ar yr arian a fyddai'n ddyledus. Cyfeirir yn y rigwm 'Mistar Rhys' at un o'r delars a fyddai'n ymweld â'r Berthfawr, lle byddai gŵr y Berth yn bargeinio'n galed ar y buarth.

DERBYN TÂL AM WARTHEG GAN MR RHYS

R'wyf yn anfon gair ar frys
I'ch hysbysu, Mistar Rhys,
Fod y perlau mawr eu gwerth
Wedi cyrraedd gŵr y Berth.

Erbyn diwedd y 1940au, roedd yr awenau wedi eu trosglwyddo i'r mab, sef Caradog Ellis; roedd ef yn ddyn tra gwahanol i'w dad, yn dawedog ei natur, gyda'i fryd ar y ffermio ac nid y barddoni.

---

[56] Davies, E. (dim dyddiad) *I Remember*.

[57] BAC (1906) 'Ar fy hynt i Drefaldwyn', *Baner ac Amserau Cymru*, 12fed Medi 1906.

[58] Mathrafal – lleolir y Berthfawr yng nghantref Caereinion sef adran o wlad yn perthyn i hen deyrnas Powys, yn mynd yn ôl i bryd roedd tywysogion Powys yn eistedd ym Mathrafal. Cyfeiriai darllediad y BBC at gantref gwahanol (Hundred), sef dosbarthiad tirol gweinyddol a gyflwynwyd yng Nghymru yn dilyn Y Deddfau Uno gyda Lloegr yn 1535 a 1542.

[59] Hughes, A. (2004) 'Cynefin', *Plu'r Gweunydd*, Ebrill 2004.

[60] BBC (1937) – trawsgrifiad o raglen radio BBC ar Gantref Mathrafal.

[61] BAC (1884) 'Y Bugail (Buddugol)', *Baner ac Amserau Cymru*, 17eg Medi 1884.

[62] BAC (1890) 'Wy Iâr', *Baner ac Amserau Cymru*, 7fed Mai 1890.

[63] Fe gopïwyd y llinell olaf o'r *Llyfryn Du* fel 'Is happy for good supper'; fodd bynnag, yn ôl pob tebygolrwydd, defnyddiodd y gair 'appy', sef 'appetizer'. Mae'n annhebyg y buasai wy ar ei ben ei hun yn ddigonol i ddiwallu chwant bwyd Hugh Ellis!

[64] BAC (1915) 'Dolanog', *Baner ac Amserau Cymru*, 24ain Ebrill 1915.

[65] YN (1902) 'Angau' a 'Y Dywysen', *Y Negesydd*, 21ain Mehefin 1902..

[66] Sietin – gwrych.

[67] 'Hogi'r pladurau' – stori ar dafod John Ellis a Wynn Ellis.

[68] Groe, A. (2008) 'Difyr yw bod...efo'r Beirdd', *Plu'r Gweunydd*, Mawrth 2008.

[69] MCTSMWA (1937) 'Pussy', *The Montgomeryshire County Times and Shropshire and Mid Wales Advertiser*, 22ain Mai 1937.

[70] YC (1918) 'Pussy', *Y Cymro*, 28ain Awst 1918.

Ffrindiau Barddol a Llenyddol

Yn ei ddyddiau cynnar yng Nghaepenfras, daeth i gysylltiad agos gyda criw o feirdd ifanc yn nalgylch Dolanog a Phontllogel, sef Edward Williams (1868–1942), Glyn; Robert Gittins (Gittin Dolanog) (1860–1940), Faeldref; John Henry Roberts (Sion Cyffin) (1864–1925) Penisarcyffin; a Richard M. Lewis (Cyffyniog) (1861–1937), Cyffin Fawr. Fe gynhaliwyd brawdoliaeth glos rhyngddynt trwy gydol eu bywydau.

Yn 1889, cyhoeddwyd yn y *Faner* y tri englyn 'Cyflwynedig i Meiriadog' gan Edward Williams, Richard Lewis a Hugh Ellis. Roedd John Edwards (Meiriadog) (1813–1906) yn cael ei ystyried 'yn ei ddydd yn awdurdod ar ramadeg a chystrawen Cymraeg ac yn feistr ar y gynghanedd. Bu'n llwyddiannus iawn fel cystadleuydd eisteddfodol gan ennill nifer o gadeiriau a bu hefyd yn feirniad poblogaidd.' [71] Yn enedigol o Lanrwst, treuliodd Meiriadog y rhan fwyaf o'i fywyd yn Llanfair Caereinion fel crydd ac yn ddiweddarach fel tafarnwr y Swann Inn. Mae'n siŵr fod Meiriadog yn dipyn o arwr ac o bosib yn fentor i'r beirdd ifanc hyn, ac roeddent yn llawn edmygedd ohono.

CYFLWYNEDIG I MEIRIADOG [72]

> Meiriadog, coeth emwr ydyw – a llenor
>   Llawn lloniant digyfryw;
>   Dy lywiad'r, bardd diledryw,
>   Ddena bawb â'i ddoniau byw.
> Hugh Ellis

> Meiriadog! Nid amhur ydyw – dy goeth
>   Deg weithiau digyfryw;
>   Llenor a bardd llawn i'r byw –
>   Ddeil Hydref yn ddiledryw
> Richard Lewis, Cyffin Fawr

MEIRIADOG! Un mawr ydyw – o ddoniau
   Bardd enwog digyfryw;
Di-ail awdur, coeth diledryw,
Swyna bawb â'i seiniau byw.
Edward Williams, Y Glyn

Gall cyfeillgarwch ymysg criw o feirdd fod yn brofiad cynnes a chyfoethog. Trwy rannu angerdd am y gelfyddyd farddol fe sefydlodd criw nyth barddol Dolanog gysylltiadau agos a rhwymau dwfn, ac roeddynt yn barod i arddangos edmygedd o grefft ei gilydd, fel yn yr englyn gan un o feirdd Dolanog yn canmol John H. Roberts, Penisarcyffin.

CYFLWYNEDIG I MR. J. H. ROBERTS (Sion Cyffin), PEN ISA', CYFFIN, DOLANOG [73]

Gŵr o drem hawddgar i'w drin – rhwydd hudol
   Fardd ydyw i'r gwreiddin;
Llenor hael yn llawn o rîn,
Siongc hoffus yw SION CYFFIN.
TALOG, Dolanog [74]

Roedd Robert Gittins yn cynnal y siop a'r Swyddfa Bost yn Nolanog, sef man cyfarfod pwysig yn y pentre'. Elizabeth Gittins, ei wraig, oedd wyneb y busnes, sy'n egluro pam y gelwid yn 'Siop Mrs Gittins' ar lafar gwlad. Dyma'r man lle prynai Hugh Ellis y baco yn wythnosol, sef rheswm ychwanegol am y cyswllt agos ac aml gyda Robert Gittins.

    Adnabyddid Robert Gittins fel gŵr a chanddo sawl talent, fel bardd, beirniad, arweinydd eisteddfod, blaenor, hanesydd a hynafiaethydd. 'Efe yn anad neb arall oedd hanesydd Ann Griffiths, a diau mai ei ymdrechion ef a sicrhaodd adeiladu' Capel Coffa Ann Griffiths yn Nolanog. [75] Bu'n enillydd mewn llu o eisteddfodau am gynnyrch barddonol a llenyddol. Pan oedd yn ddeunaw mlwydd oed, fe dderbyniodd dystysgrif cymhwysedd yn y llaw fer yn yr iaith Gymraeg, gan feithrin sgil unigryw a ddefnyddiai i gofnodi pregethau ac a fyddai hefyd o ddefnydd yn rhinwedd ei waith fel gohebydd lleol i'r *County Times*. [76] Yn 1906 fe gyfrannodd Robert Gittins gyda Hugh Ellis i'r cyfnodolyn *Cymru*, sef dwy gerdd ar wahân o dan y teitl 'Dolwar Fechain' ac erthygl hynafiaethol rymus ar bentref Dolanog. Yn anffodus nid oes detholiad o'i gerddi wedi ei gasglu'n llyfr ond roedd llawer o'i gerddi wedi eu cyhoeddi ym mhapurau newydd Cymreig y cyfnod.

Ffrind arall oedd Edward Williams y Glyn, Dolanog. Roedd Hugh Ellis, unwaith eto, yn edmygu'r bardd hwn. Trist yw'r hanes yng ngeiriau John Maldwyn Jones – sydd yn nodweddiadol o dranc llawer o gynnyrch y beirdd gwlad – am ddymchwel hen dŷ'r Glyn yn 1957:

Cliriwyd pob dim allan yn cynnwys tair silff a oedd yn sownd yn y wal yn dal hen ddyddiaduron ac 'exercise books' llawn o englynion a phenillion o waith Edward Williams. Digon bregus oedd eu cyflwr yn bennaf o effaith damprwydd a chael eu llosgi oedd eu tynged! Mae'r weithred yna wedi rhoi loes i mi oherwydd collwyd tipyn o hanes yr ardal yn ogystal ag englynion a phenillion o'i waith dros gyfnod maith. Buasent wedi bod yn drysor i'w darllen heddiw. [77]

Roedd Niclas y Glais (1879–1971) yn ymwelydd rheolaidd yn y Glyn ac yn mwynhau'r barddoni a'r hwyl yng nghwmni beirdd Dolanog. Byddai Niclas yn ymweld â'r ardal yn rhinwedd ei alwedigaeth fel deintydd teithiol. Cafodd Niclas y Glais gyffyrddiad agos gyda'r beirdd yn Nolanog sy'n enghraifft wych o pam gafodd y teitl trwy Gymru o 'Bardd y Bobl'.

Bu farw Richard M. Lewis, Cyffin Fawr yn 1937 a chafwyd coffa anrhydeddus iddo yn y *County Times*:

Gofid i aelodau Cymrodoriaeth Cadair Powys a phawb o'r frawdoliaeth farddol oedd darllen am farwolaeth Mr Richard Lewis (Cyffyniog), gynt o Gyffin Fawr, Pontllogel. Gŵr tawel oedd efe ond yn llawn asbri llenyddol ac yn gryn feistr ar lunio englyn brathog a chofiadwy. Y mae'n sicr mai tua deng mlynedd ar hugain yn ôl oedd oes euraidd cân ac englyn yn ardaloedd Dolanog, Pontllogel a Llangadfan, yr herwyr oedd Richard Lewis, Cyffin Fawr; Ed. Williams, Glyn; R Gittins, Y Faeldref; Hugh Ellis, Berth; Rob Morgan, Foel; a Hen Grydd y Lluast fel rhyw Lawnselot anorchfygol yn eu hymladd hwynt oll ar dro a'u bwrw i lawr. (Ie, dyna'r hen griw, chwedl J.T. ar y radio yn Ymryson y Beirdd). Wele enghraifft o awen y diweddar Richard Lewis, englyn ar Dafydd a Goliath, sydd yn nodweddiadol hollol o'r awdur ei hun. Ni cheir ynddo nag ymffrost na rhwysg na rhodres, ond er hynny gwnel y gwaith yn berffaith dawel ac effeithiol:

> Ar fôst y cawr rhodd osteg, – fyddin
>   Ni faeddai ychwaneg;
>   Yr hen gawr ar un garreg,
>   Rhywfodd a gauodd ei geg. [78]

Cymysgai Hugh Ellis mewn cylchoedd llenyddol ehangach. Mewn adroddiad yn y *Faner* yn 1908 cyfeirir at frawdoliaeth arall, sef y gweinidogion a'r prydyddion yn hela at ei gilydd yn flynyddol yn Llandrindod:

> Y mae llu o'm hen ffrindiau yn llymeitian o ddwfr y ffynnau yma. Cefais lawer ymgom â llu o weinidogion yn perthyn i bob enwad, a chyd ag eraill adwaenwn yn dda, rhai o hen dderbynwyr y 'Faner'. Gŵr y Berth, Hugh Ellis; Hugh Hughes, Brynglas; Jones, Castell, Llanrhaiadr; hen frodyr o'r Cymdy, llu o Drefaldwyn; a chael ymgom â hwy. Rhwydd englynu yr oedd gŵr y Berth. Byddai raid eistedd i lawr yn rhywle mewn munyd, pan ddeuai llinell i'w gof, ac ar bapyr â hi. [79]

O ran y cylch barddonol yn nhalgylch Llangadfan, mae'n bwysig cydnabod dylanwad John Davies (Hen Grydd y Lluast) (1837–1920), Lluast, Llangadfan; Rob Morgan (1875–1937), Y Teiliwr, Glandwr, Y Foel; John R. Thomas (Siôn Brydydd) (1873–1959), Dolygarregwen, Llanerfyl a Rhydylli, Llangadfan; [80] a D. Pierce Roberts (Dewi Cadfan)

(1882–1949), Llangadfan. Bu iddynt gyfrannu'n fawr trwy ddylanwadu ar nyth o feirdd yn ardal Llangadfan yng nghyfnod bywyd Hugh Ellis. Y rhain oedd John Morgan, Siop Teiliwr, Y Foel; David John Davies (1895–1976), Lletyderyn, Y Foel ac yn ddiweddarach Hafod Lôn, Llanfair Caereinion; [81] Hugh Davies (Lluestydd) (1881–1927), [82] Lluast, Llangadfan; John Alfred Evans (1896–1978), Tuhwnt-i'r-Parc, Llanerfyl; John Morris Evans (1899–1965), Tŷ'n twll, Llangadfan; a John Penry Jones (1914–1989), Y Foel.

Cynhaliodd gyswllt agos â nyth barddol Llangadfan oherwydd ei gysylltiad bore oes gyda'r plwyf. Yn 1927 cafwyd Eisteddfod Gadeiriol Capel Rehoboth Llangadfan, sef yr unig enghraifft sydd gennym ohono mewn swydd orseddol yn cyfarch bardd y Gadair ac yn defnyddio'i enw barddol, Perthog:

Mr R. T. Lewis Bronafon was chaired as deputy with all the customary rites with Caerwyn as master of ceremonies. Bardic addresses were given by Iago Erfyl, Perthog, Rev E. T. Evans, Messrs Robert Morgan, D. J. Davies, J. M. Evans, Alfred Evans and Caerwyn. Mr R. A. Bryan Llanfyllin sang the chairing song. [83]

Roedd beirdd eraill nodedig wedi dylanwadu ar nythod barddol Dolanog a Llangadfan megis y ddau frawd o Gwmderwen, Cwm Nant yr Eira, sef James Roberts (Derwenog) (1846–1927) a Robert Roberts (1841–1919). [84] Dylid hefyd gydnabod rôl dra phwysig beirdd a llenorion dawnus a ddaeth i'r ardal megis Robert Willam Jones (Erfyl Fychan) (1899–1968), Prifathro Ysgol Llanerfyl; Thomas Davies James (Iago Erfyl) (1862–1927), Rheithor Llanerfyl, ac yn dra dylanwadol ynghanol nyth barddol Llangadfan roedd D. Pierce Roberts (Dewi Cadfan) (1882–1949), Prifathro Ysgol Llangadfan.

Byddai D. Pierce Roberts yn cael ei gydnabod fel person athrylithgar a thra defnyddiol o fewn i'r gymdeithas; bu'n Brifathro Ysgol Llangadfan am dros ddeugain mlynedd, yn Arwyddfardd Gorsedd Powys ac yn Olygydd i Golofn Gymraeg y *County Times* am flynyddoedd. [85] Mae'n amlwg fod y testunau cystadlu yn wahanol ac yn amrywiol eu naws yn yr oes honno, ac yn denu cystadleuwyr brwd, gan gynnwys D. Pierce Roberts a John Penry Jones.

HEN FERCH [86]

Benyw sbar heb neb i'w charu, – rhy sur
　　O soriant i'w meddu;
　Ni chais un ei chusanu,
　A dychryn i fechgyn fu.

D. Pierce Roberts (Dewi Cadfan),
Llangadfan

HEN FERCH [87]

Ni welwyd neb yn wylo – ar ei hol;
　　Rhy hawdd fu'i hanghofio;
　Ond rhy hir gwnaeth y tro
　Wely unig, fel heno.

John Penry Jones, Y Foel

Roedd yr elfen gystadleuol yn nyth barddol Llangadfan yn amlwg yn yr hwyl a'r tynnu coes parhaus rhyngddynt, trwy fod yn chwareus ac yn ddoniol. Yng ngholofn 'Difyr yw bod efo'r beirdd' yn *Plu'r Gweunydd*, eglurodd Nest Davies fod Rob Morgan wedi llunio pum englyn i'w thad D. Pierce Roberts yn gwneud hwyl am iddo rannu gwobr am englyn. [88]

A'i hanner a gest ohoni – Roberts
　　Ar ôl rhwbio wrthi?
　Wir ddyn, y mae barddoni
　I ddiawl yn waith 'ddyliwn i.

Rhai yng nghur fesur fysedd – a cherdded
　　A chorddi eu perfedd;
　Ac anghenion cynghanedd
　Yn fraw a gaf ar eu gwedd.

Dylet hwylio dy delyn – i ganu
I deg wyneb Gwanwyn;
Ac haf a'i branc, ifanc gwyn
A chrinddail a chur henddyn.

Cei nodau cân o udo ci – tynn gord
O hen gath yn rhegi;
O liw haul ar ael heli
A chwarae llon clychau'r lli.

Mae'n sobr, rhannu'r wobr, mor wan – ydi'n wir,
Daw'n warth ar Langadfan;
Ac am fath fref dioddef dan
Ryw bum ergyd – Rob Morgan.

Rob Morgan, Y Foel

Soniodd Nest Davies i Hen Grydd y Lluast dderbyn tri englyn gan feirdd Dolanog yn gwneud hwyl ar ei waeledd, englynion 'a fyddai'n ddigon i'w orffen' yn ei thyb hi! [89]

Cofia'n gall cyn gorwedd allan – o fewn
Hen fynwent Llangadfan
Mai ffwrn dwym yw uffern dân
I gyflwr euog aflan.

Un o feirdd Dolanog

Main gilwg wnei mewn galar – ing marwol
Rhwng muriau'r hen garchar,
A du waedd ddaw ar dy war
Yr halog gablog goblar.

Un o feirdd Dolanog

Ni fu, ni ddaw dy fwyach – i'n bro,
   Bryd gwelwyd dy salach?
   Eiddilaf greadur afiach
   Naw llai o ben na llo bach!
                 Un o feirdd Dolanog

Ond fe ddangosodd Nest Davies nad oedd y gwrthrych yn ddiniwed, oherwydd 'medrai'r Hen Grydd daro'n ôl yn ffraeth. Dyma ei ateb i rywun ddwedodd ei fod yn rhy hoff o'i dropyn'. [90]

   Las dennyn, pa les dannod? – tra hapus
     Yw tropyn o ddiod;
    Ffyrdd hyllach bawach sy'n bod,
    Bachant am fwy o bechod.
              John Davies, Hen Grydd y Lluast

Peth hawdd yw llyncu'r abwyd gan orbwysleisio a gorchwarae'r arfer rhyngddynt o fod yn chwareus a doniol. Roeddynt yn llenorion o sylwedd, gan iddynt gyflwyno barddoniaeth deilwng o safon uchel iawn. Buont yn llwyddiannus mewn cystadlaethau o fri; er enghraifft, fe enillodd John Penry Jones gadair Eisteddfod Môn ar awdl Yr Ynys yn 1973. [91] Fe enillodd John Morris Evans goron arian Eisteddfod Chwilog yn 1928, cadair Pont Robert yn 1926, cadair Trefeglwys yn 1946, cadair Llanfachreth yn 1956, a chadair Llanuwchllyn yn 1957. [92]

Roedd ganddynt gyffyrddiad gwirioneddol bersonol ac agos hefo'u hardal fel y gwelir yn y gerdd dlos a hiraethus gan David John Davies, Lletyderyn am hen efail Llangadfan. Ceir cyfle yn y gerdd i feddu dealltwriaeth o rôl bwysig y fangre hon fel cyrchfan i glebran a rhannu straeon trwy gyfrwng llafar gwlad.

HEN EFAIL LLANGADFAN 93

Tinc y morthwyl ar yr eingion
Yno a glywem gyda'r wawr,
A'r hen of â'i wyneb rhadlon
Wrthi'n chwythu'r fegin fawr;
Cyrchem ninnau, blant yr ysgol,
Heibio i'r efail yn ein tro;
Cofiwn heddiw'r straeon doniol
A adroddai yr hen o'.

Yno tyrrai'r llanciau'n gynnar
Wedi noswyl yn y wlad;
Gwyddai'r gof hanesion daear,
Ac fe ddwedai â mwynhad;
Byw a gwreiddiol oedd ei stori,
Cyfareddai ni yn llwyr;
O, mor ddedwydd y cwmpeini
Yn yr efail gyda'r hwyr.

Nid oes yno ond adfeilion
Distaw yw y fangre'n awr;
Peidiodd melys dinc yr eingion,
Ac ni chwyth y fegin fawr.
Gyda'r hwyr 'does ond tylluan
Yno'n torri ar yr hedd,
A'r hen of â'i straeon diddan
Heddiw'n dawel yn ei fedd.

David John Davies, Lletyderyn

Meddai'r Hen Grydd ar awdurdod meuryn fel 'rhyw Lawnselot anorchfygol' drostynt oll. [94] Mewn noson lenyddol yn Llangadfan yn 1926 o flaen cynulleidfa partisan, aeth Hugh Ellis mor bell ag i ddweud: 'John Davies Lluast, who took to writing poetry in advanced middle age became undoubtedly the most successful composer of englynion in Montgomeryshire.' [95] Priodol felly yw cynnwys y penillion isod gan yr Hen Grydd sy'n clodfori ei fro a'i ardal.

HAFDDYDD YN LLANGADFAN [96]

Sôn y sydd am ryfedd harddwch
Dyffryn Clwyd a'i wir brydferthwch,
Mwynach man nid oes yn unman
Nag yn ardal deg Llangadfan.

Ar ei thaith mae'r Banwy'n canu
Alaw i Baradwys Cymru,
Cân awelon iach ei moelydd
Ac adeiniog gôr ei choedydd.

Pan ddaw'r haf a'i siriol wenau
I oreuro ei llechweddau –
Er nesau i ben ei dymor
Oedi mae rhag mynd o'r oror.

Pan fo'r Berwyn yn ei wenwisg,
Deil y coed yn wyrdd eu harddwisg,
Tra mae'r eira yn tremio o'r Aran
Mae yn hafddydd yn Llangadfan.

John Davies, Hen Grydd y Lluast

Fe fynegodd y Parch. Eifion Gilmour Jones yn llyfr barddoniaeth John Morris Evans (1899–1965) ei dristwch yn dilyn ymadawiad bardd dawnus: 'Colled fawr ydi colli'r teip yma o gefn gwlad oherwydd maent yn anrhydeddu bro ac ardal.' [97] Daeth elfen o dristwch yn fwyfwy amlwg wrth i nifer y cyfeillion barddol o fewn nythod Dolanog a Llangadfan leihau. Teimlwyd yr hiraeth, oherwydd fe dorrwyd rhwymau dwfn a oedd wedi'u meithrin trwy gydweithio creadigol ar hyd y daith farddol, oherwydd roedd y beirdd yn rhoi anogaeth a chynhesrwydd i'w gilydd.

HIRAETH [98]

Oer nosol ei deyrnasiad – yw hiraeth
Oer erwau'r amddifad;
Perlyn prudd ar rudd oer âd [99]
A'i nod amlwg, dwys deimlad

John Morris Evans, Tŷ'n twll

[71] Y *Bywgraffiadur Cymreig hyd 1940* (1953), William Lewis (Argraffwyr) – 'EDWARDS, John ('Meiriadog': 1813–1906), bardd, llenor a golygydd.'

[72] BAC (1889) 'Cyflwyniedig i Meriadog', *Baner ac Amserau Cymru*, 25ain Ionawr 1889.

[73] BAC (1890) 'Cyflwynedig i Mr. J. H. Roberts (Sion Cyffin), Pen Isa', Cyffin, Dolanog, *Baner ac Amserau Cymru*, 1af Hydref 1890.

[74] Talog – er yn byw yn ardal Dolanog, ni wyddys pwy ddefnyddiodd y ffugenw Talog.

[75] MCTSMWA (1940) 'Beth Ddywed y Bobl a'r Papurau', *The Montgomeryshire County Times and Shropshire and Mid Wales Advertiser*, 23ain Mawrth 1940.

[76] Church, V. (2016) 'The Talented Shopkeeper of Dolanog', *Casgliadau Maldwyn*, Cyfrol 104.

[77] Jones, J.M. (2008), 'Llythyr John Maldwyn Jones, gynt o'r Glyn, Dolanog', *Plu'r Gweunydd*, Chwefror 2008.

[78] MCTSMWA (1937) 'Beth Ddywed y Bobl a'r Papurau', *The Montgomeryshire County Times and Shropshire and Mid Wales Advertiser*, 7fed Awst, 1937.

[79] BAC (1908) 'Ar Fy Hynt i'r De – Llythyr II', *Baner ac Amserau Cymru*, 2il Medi 1908.

[80] *Awen Maldwyn* – Cyfres Barddoniaeth y Siroedd, Llyfrau'r Dryw (1960), t. 141 – 'THOMAS, John Robert (Sion Brydydd) (1873–1959). Ganed yn Dolygarregwen, Llanerfyl. Ar wahân i ychydig flynyddoedd yn Ysgol Elfennol yr Hafod, ei ddiwyllio ei hun a wnaeth. Ffermwr ydoedd, ond dysgodd cynganeddion o'r *Ysgol Farddol*, a dysgodd iaith ac orgraff o lyfrau. Enillodd lu mawr o wobrwyon (yn cynnwys tri thlws hardd) mewn eisteddfodau ... am englynion, cerddi coffa ayb. Ni chafodd wers mewn Cymraeg erioed na chyfle ac ysgol nos, ond daeth yn Gymro tra diwylliedig.'

[81] *Awen Maldwyn (1960)* – Cyfres Barddoniaeth y Siroedd, Llyfrau'r Dryw, t. 128 – 'DAVIES, David John. Ganed yn 1895, yn y Wernfawr, Garthbeibio. Treuliodd 35 mlynedd fel postman, ac mae'n awr wedi ymddeol yn Hafod Lon, Llanfair Caereinion. Enillodd ambell wobr am englyn a thelyneg.' **Noder** nad Hugh Ellis oedd awdur 'Hen Efail Llangadfan' fel yr awgrymir yn *Awen Maldwyn*, ond fod y gerdd yn perthyn i David John Davies.

[82] Roedd Hugh Davies y Lluast yn nai i John Davies (Hen Grydd y Lluast). Cyfeirir ar y garreg fedd yn Eglwys Llangadfan at John Davies fel 'angel-luniwr englynion' a Hugh Davies fel 'hynafiaeuthur manwl a llenor medrus'.

[83] MCTSMWA (1927) 'Llangadfan Chair Eisteddfod', *The Montgomeryshire County Times and Shropshire and Mid Wales Advertiser*, 8fed, 1927.

[84] Roedd y ddau frawd James Roberts (Derwenog) a Robert Roberts, Cwmderwn yn ewythrod i John Robert Thomas (Sion Brydydd) Dolygarregwen, ac roedd Dolygarregwen yn ffinio hefo Cwmderwen yng Nghwm Nant yr Eira, Llanerfyl.

[85] *Awen Maldwyn (1960)* Cyfres Barddoniaeth y Siroedd, Llyfrau'r Dryw, t. 140.

[86] *Awen Maldwyn (960)* Cyfres Barddoniaeth y Siroedd, Llyfrau'r Dryw, t. 112.

[87] *Cyfres Beirdd Bro 12 – John Penry Jones*, Gwasg Christopher Davies, Abertawe (1979).

[88] Davies, N. (1988) 'Difyr yw bod…efo'r Beirdd', *Plu'r Gweunydd*, Gorffennaf 1988.

[89] Davies, N. (1994) 'Difyr yw bod…efo'r Beirdd', *Plu'r Gweunydd*, Chwefror 1994.

[90] Davies, N. (1994) 'Difyr yw bod…efo'r Beirdd', *Plu'r Gweunydd*, Chwefror 1994.

[91] *Casglu Cadeiriau*: http://www.cadeiriau.cymru/mocircn.html cyrchwyd ar 25ain Ionawr 2023.

[92] *John Morris Evans, Tyntwll Llangadfan (1899–1965), Amaethon Bodlon a Bardd*, Welshpool Printing Company (dim dyddiad).

[93] *Awen Maldwyn (1960)* Cyfres Barddoniaeth y Siroedd, Llyfrau'r Dryw, tt. 15.

[94] MCTSMWA (1937) 'Beth Ddywed y Bobl a'r Papurau', *The Montgomeryshire County Times and Shropshire and Mid Wales Advertiser*, 7fed Awst, 1937.

[95] MCTSMWA (1926) 'Llangadfan Literary Society', *The Montgomeryshire County Times and Shropshire and Mid Wales Advertiser*, 11eg Tachwedd, 1926.

[96] Davies, N. (1995) 'Difyr yw bod…efo'r Beirdd', *Plu'r Gweunydd*, Mawrth 1995.

[97] *John Morris Evans, Tyntwll Llangadfan (1899–1965), Amaethon Bodlon a Bardd*, Welshpool Printing Company (dim dyddiad), t 3.

[98] *John Morris Evans, Tyntwll Llangadfan (1899–1965), Amaethon Bodlon a Bardd*, Welshpool Printing Company (dim dyddiad), t. 30.

[99] Âd – nâd, nadu neu crio.

Y Traddodiad Rhigymol Chwareus a Doniol

Fe ystyrir rhigymau yn ffurf o farddoniaeth rydd werinol ac yn gynnyrch celfyddyd ddihyfforddiant ran amlaf ar dafod llafar gwlad. Rhoddir disgrifiad gan T.H. Parry-Williams yn *Hen Benillion* am apêl rhigymau: 'fe'u cadwyd ar gof oherwydd bod rhyw apêl ynddynt, yn eu cynnwys, yn eu dull, yn eu mynegiant.' [100] Yn aml y penillion a'r rhigymau a fyddai'n goroesi oedd y rhai yn meddu ar hiwmor a ffraethineb, megis am droeon trwstan, ac a fyddai'n 'digwydd cydio a bachu oherwydd rhyw nodwedd arbennig, ac fe'i cedwid ar gof oherwydd hynny'. [101]

Byddai trosglwyddiad a pharhad englynion, penillion a rhigymau o'r fath yn dibynnu ar y gallu i'w dwyn i gof a'u pasio yn eu blaenau. Roedd Hugh Ellis, fel y prydyddion gwlad eraill, yn un o'r ymarferwyr a oedd yn creu, cynnal a chadw'r cynnyrch hyn ar lafar gwlad.

Bu Thomas James (Iago Erfyl) yn rhoi lle anrhydeddus i'r beirdd ym Maldwyn yn ei golofnau Cymraeg yn y *County Times* ac yn ddiweddarach yn y *Montgomeryshire Express*. Gwahoddwyd y beirdd i anfon eu gwaith at sylw'r Gigfran i'r golofn 'Beth Ddywed y Bobl a'r Papurau' yn y *County Times*. Arferai gyhoeddi barddoniaeth gan gynnwys rhigymau a phenillion digri yn enwedig rhai am droeon trwstan, yn aml yn gysylltiedig â'r beirdd, oherwydd roeddynt yn hoffi tynnu coes ei gilydd yn gyhoeddus. Byddai beirdd Dyffryn Banwy yn gyfranwyr yn y cyfnod hwn, gan gynnwys y Bardd Cocos a luniodd benillion i Hugh Ellis, sef y 'Bardd a Pholismon yn rhoi ysgubor ar dân wrth smocio'. Nid y Bardd Cocos gwreiddiol o Borthaethwy oedd hwn, ond yn ôl pob tebyg, un o ffrindiau barddonol Hugh Ellis. Roedd D. Pierce Roberts (Dewi Cadfan) hefyd yn ddiweddarach yn rhoi lle pwysig i farddoniaeth yn ei golofn Cymraeg yn y *County Times*, ac fe fyddai hefyd yn derbyn penillion doniol gan y beirdd yn nythod Dolanog a Llangadfan.

Yn y rhifyn cyntaf o'r papur bro *Plu'r Gweunydd* yn Nhachwedd 1978, fe luniodd Ifor Baines rhigwm gwahoddiadol er mwyn ailgynnau'r traddodiad o gyflwyno barddoniaeth 'doniol a dwys' yng ngholofn y beirdd: [102]

Chwiliwch os oes hen gerddi,
Neu lluniwch rai newydd sbon;
A phostiwch hwy ar unwaith
I lenwi'r golofn hon.
Os byddant yn rhai chwaethus,
Fy ngair a rof o'u tu,
A'u cynnwys, os bydd gofod,
Yn rhifyn nesa'r 'Plu'.

Ifor Baines

Fe gymrodd Nest Davies yr awenau drosodd yn 1980, a bu'n gyfrifol am y golofn 'Difyr yw bod efo'r beirdd' am oddeutu ugain mlynedd. Trosglwyddwyd y golofn i Arwyn Groe yn rhifyn Ionawr 2000 o *Plu'r Gweunydd*, lle gyfeiriodd Nest Davies at ei thad, sef D. Pierce Roberts, a'i ffrindiau barddonol:

Gobeithio fod clwy'r gynghanedd yn 'gatching'. Gobeithio y cawn ni weld beirdd yr ardal yn anfon englynion at ei gilydd ar droeon trwstan eto, neu fel cyfarchion. Roedd hanner gyntaf y ganrif yn llawn o hynny. Mae gen i gopïau o lawer anfonwyd i'm tad gan Robert Gittins, Dolanog, Hugh Ellis, y Berth, Rob Morgan a'i frawd John, y ddau deiliwr, a John Thomas Dolygarregwen a Rhydyli, nai, wrth gwrs, i Derwenog a Robert Roberts. Ie wir, gobeithio fod yr hen glwy yn 'gatching'. [103]

Roedd y cyfnod ar ddechrau'r 20fed ganrif yn oes aur i'r penillion dienw cellweirus hyn. Byddai hyn o bosib yn annisgwyl i rai ohonom wrth ystyried y pwyslais a roddid ar barchusrwydd yn y cyfnod hwn, yn gysylltiedig gyda grym a dylanwad y capeli.

Yn ddiweddarach, bu John Ellis Lewis (1927–2010), Moeldrehaearn, yn cadw'r hen draddodiad yn fyw ym Maldwyn, ac yn cyfrannu'n gyson i *Plu'r Gweunydd*. Bu nifer o feirdd yn cyfrannu'n i'r golofn farddol yn *Plu'r Gweunydd* yn y dyddiau cynnar, megis John Penri Jones, Caradog Pugh, Eddie Roberts, y Prifardd Emrys Roberts, Ifor Baines, y Parch. Glyn Lewis (Glyn o Faldwyn), Dolana Lewis, y

Parch. R. Môn Jones, Dafydd Morgan Lewis ac Emyr Davies. Roedd rhai ohonynt yn arbenigo mewn cerddi troeon trwstan dienw:

Bob mis anfonai'r 'plu pluog' eu cynhyrchion i'r papur gan alw eu hunain yn 'Y Barcud', 'Y Gwcw', 'Aderyn Drycin', 'Y Cudyll Coch', 'Y Frân Wen', 'Y Crëyr Glas' a'r 'Sguthan'...Ymhen amser daeth llawer i ystyried John Ellis Lewis fel y peryclaf a'r doniolaf o'r 'adar'! [104]

Un o gerddi cellweirus a pheryglus John Ellis Lewis – a ymddangosodd yn *Plu'r Gweunydd* o dan y ffugenw Glas y Dorlan – oedd 'Tecs mewn Trafferth', yn gwneud hwyl ar ben Tecwyn Roberts y ffotograffydd. [105]

TECS MEWN TRAFFERTH [106]

Roedd Tecs y tynnwr lluniau
Yn gyrru heibio'r dre
Pan ddaeth y Glas a'i fflachio,
Wydde fo ddim am be.

Roedd Marged yn ei ymyl
Wrthi'n gweiddi'n groch,
A'r golau glas yn fflashio
A'r STOP i'w gweld mewn coch.

Roedd Tecs am fynd i'r Sweeney [107]
Yn gamerâu i gyd,
A Marged am y Steddfod
Os medrai fynd mewn pryd.

Tecs oedd yn methu deall
A'i wraig yn gweiddi "Taw",
"Mae'n drosedd," meddai'r plismon
"I yrru ag un llaw."

Y cwestiwn sydd ar feddwl
Pob un o fewn ein bro,
Ble grwydrodd y llaw arall?
Wel, tawaf, dyna fo!

John Ellis Lewis, Moeldrehaearn

Roedd Hugh Ellis yn hoff o lunio llinellau a phenillion doniol ac mae'n drist fod nifer sylweddol ohonynt wedi mynd yn angof oherwydd roeddynt ar lafar neu ar ddarnau bach o bapur ac wedi mynd ar goll. Byddai hefyd yn gwneud defnydd o gynghanedd gyflawn i fod yn chwareus, fel yn yr englyn isod, sy'n cofnodi colled a gafodd cymydog.

LLO TYNRHOS

Ochain yr rwyf yn uchel – o achos
   Afiechyd y catel;
   Lliw du oedd i'r llo del,
   A marw wnaeth o'r mwrel.

Roedd William Lloyd (Billy Llwyd), Rhyd-y-Gro Bach yn enwog am fod yn gynjwr ac yn iachäwr clwy'r edau wlân. Yn anffodus cafodd ei greithio gan y frech wen pan oedd yn ifanc iawn. Roedd yn gymeriad tra gwahanol ac yn berchen ar ugain o gathod! Un tro, ynghanol miri ffair Llanfair Caereinion, gofynnodd William Lloyd i Ellis Jones Morris, Moeldrehaearn, "swn i'n licio benthyg dipyn, 'swn i'n licio benthyg dwy geiniog, dwi ar ben ar brynu ciêth." [108]

BILLY LLWYD

Hen fwgan hylla fagwyd, – y crebyn
   Yn crybio dan annwyd,
   Does ddiocach llaciach na Llwyd
   O Lanfyllin i Fallwyd.

Ar yr edrychiad cyntaf, ymddengys fod yr englyn i William Lloyd yn bersonol ac yn greulon. Er hynny, gellir dadlau ei bod yn enghraifft o'r traddodiad cefn gwlad yn yr amser hynny o dynnu coes a chellwair yn chwareus. Cydnabyddir bod y cyfnod hwn yn dra chynhyrchiol am gerddi ffraeth ac roedd gŵr y Berth yn cael ei gydnabod fel un o'r ymarferwyr peryclaf. Roedd William Lloyd yn fyw pan gyhoeddwyd yr englyn yn y *Faner* yn 1906 ac yn fwy na thebyg byddai'n ymwybodol ohono. [109] O bosib, byddai William Lloyd yn falch o gael sylw ac yn cydnabod mai cellwair chwareus ydoedd; er hynny, tybir fod yna rhyw ddrwgdeimlad rhyngddo a gŵr y Berth. Mae'n bosib creu darlun or-ramantus o'r traddodiad barddol chwareus, oherwydd nid oedd y cellwair o reidrwydd bob amser yn ddiniwed ac yn ddiwenwyn.

Lluniodd rigwm i Richard Llywarch, Craig y Go, ger Berthfawr a John James, Tynycoed, Llanerfyl yn adrodd stori ac yn cynnig gair o gyngor yn dilyn tro trwstan!

GAIR O GYNGOR I RICHARD CRAIG-Y-GO

Un dydd aeth Richard Craig-y-Go
I'r ffair i brynu buwch min llo,
Aeth gyda Jaco Tynycoed
I chwilio am ebol pedair oed.
A tra bu ef yn was i'w ffrind
Yr oedd y gwartheg wedi mynd.
Eithaf cyngor i'r fath un,
Meindied pawb ei fusnes ei hun.

Roedd y rhigwm hwn ar dafod un neu ddau yn nalgylch Berthfawr. Byddai'r rhigymau hyn yn cofnodi'r ysmaldod, y digrifwch a'r annisgwyl, ac o ddiddordeb i gynulleidfa ehangach na'r traddodiad ysgrifenedig, ac felly ar lafar gwlad.

Deellir iddo lunio rhigwm ar lafar yn y fan a'r lle pan gyrhaeddodd Thomas Wyn Jones (Brynhyfryd, Y Foel) ac Evan Ellis Jones (Belan) y Berthfawr ar ben beic. Roedd Thomas Wyn Jones yn gwisgo côt 'double breasted' newydd ddrud! Tybed ai un o'i ffrindiau barddol, naill a'i John neu Rob Morgan, Y Foel, y cyfeirir ato fel y teiliwr twyllodrus yn yr achos hwn?! [110]

CÔT 'DOUBLE BREASTED'

Wel, Thomos a'th ddwy res botymau,
Y Teiliwr a'th dwyllodd,
C'add dâl am y tyllau!

Yn yr un modd, roedd yn hoff o ysgrifennu rhigymau dwl i'w wyrion a'i wyresau yn Berthfawr ac mae un ohonynt wedi goroesi. [111]

Lewys Lewys y lawes lwyd,
Werthodd ei fam am damed o fwyd.
Fe'i prynodd hi nôl am ddarn o hen stôl,
Mi werthodd hi wedyn am faich o redyn.

Wrth ystyried y rhigwm isod i 'Richard Lewis lawes lwyd' gwelwn yr arfer o addasu ac ailgylchu'r rhigymau a oedd ar lafar gwlad. [112] Ni allwn fod yn siŵr pwy oedd awdur y rhigwm gwreiddiol ac mae'n bosib mai Hugh Ellis oedd yr ailgylchwr yn yr achos hwn.

Richard Lewis lawes lwyd
Werthodd ei fam am damaid o fwyd.
Prynodd hi nôl am goes y stôl
Gwerthodd hi wedyn am gatied o redyn.
Ar lafar gwlad

Byddai plant ieungaf y Berthfawr yn cerdded i'r ysgol yn Llanfair Caereinion, taith o bedair milltir, ac yn defnyddio Wtra Rhydarwydd. Mae'r rhigwm isod yn dangos gwerthfawrogiad teuluol ar ôl i'r Cynghorydd a'r Prifathro Lloyd Pierce drefnu'r bws ysgol o Gapel Sardis.

AT Y CYNGHORYDD LLOYD PIERCE

Ffarwel i ffordd Rhydarwydd,
Llaid a'r baw a'r rowts a'r ffosydd;
Awn i'r ysgol yn gysyrus
Ar y bws o Gapel Sardis.

Roedd y cellwair a'r tynnu coes ar lafar, mewn sgwrs neu drwy rigwm yn gyfryngau pwysig iawn iddo ac yn aml wedi eu bywiogi gan gynghanedd. Lluniodd linell at sylw'r twrne, Milwyn Jenkins, Y Drenewydd. Roeddynt yn ffrindiau mawr, ac yn hoffi tynnu coes ei gilydd. Deellir fod Milwyn Jenkins wedi ei blesio wrth glywed y cyfeiriad ato yn rhinwedd ei broffesiwn.

Y bwch diawl yn byw ar bechod dyn

Un o ymarferwyr rhigymol gwerinol, dawnus a chwareus yr ardal oedd John R. Hughes (Jac Bryncydyn) (1909–1973). Cynhaliwyd perthynas agos rhyngddynt oherwydd roedd Bryncydyn bron yn ffinio â Chaepenfras. Er nad oedd Jac wedi derbyn llawer o addysg, roedd yn fardd cynhenid medrus, ac fe ystyriai Hugh Ellis ef fel rhigymwr a chynganeddwr greddfol heb ei ail.

Trist yw nodi nad oes lawer o waith Jac Bryncydyn wedi goroesi, sydd yn nodweddiadol o dranc rhigymau llafar. Er yn meddu ar ddawn y gynghanedd, nid oedd Jac yn perthyn i nyth barddol Llangadfan ond yn dilyn ei gŵys unigryw ei hunan. Gyda'i ogwydd gwerinol, ni fyddai yn aml yn cydymffurfio gyda pharchusrwydd y cyfnod, er hynny, buasai Hugh Ellis yn gwerthfawrogi bod y gwrthrych hwn yn derbyn cydnabyddiaeth deilwng fel ymarferwr rhigymol medrus a fyddai'n cefnogi diwylliant cefn gwlad.

Ymddengys fod yna farn gyffredinol fod llawer o gynnyrch Jac Bryncydyn yn rhy ffraeth i'w cyhoeddi; er enghraifft, lluniwyd englyn rhigymol ei naws gan Jac, sef stori tro trwstan am rywun yn gollwng rhech yng Nghapel Salem, Cwm Twrch, rhech mor gryf nes bron na chwalwyd tŷ cyfagos!

RHECH YNG NGHAPEL SALEM

O ffwrch yr hen Dwrch rwy'n dod, – af adref, [113]
  Ni fedraf ddygymod.
'Rioed fath lais dan bais yn bod,
Bron na chwalwyd Bryn Chwilod.

John R. Hughes (Jac Bryncydyn)

Ceir stori am Jac Bryncydyn yn helpu Hugh Ellis yn y cynhaeaf yn y Berthfawr, ac iddynt gael eu taro gan glwy'r gynghanedd. Tra oeddent yn llwytho o'r drol i'r llofft wair uwchben y beudy lluniwyd llinellau cynganeddol eu naws yn y fan a'r lle wrth gellwair â'i gilydd, un yn dannod o'r daflod a'r llall yn edliwio o'r drol.

Y burgyn dan y bargod
A'r diafol yn y daflod. [114]

Mae'n siŵr fod y ddau yn cael llawer o hwyl wrth weithio'n galed yn y cynhaeaf gan siarad mewn cynghanedd! Roeddynt yn hoff o gyflwyno doniolwch i'w barddoniaeth, oherwydd, fel yng ngeiriau T.H. Parry-Williams, roedd yr hiwmor a'r ffraethineb 'yn deffro ymateb yn rhywle, yn cyffwrdd â rhyw synhwyrau, yn boddio rhyw ddyheadau, ac yn cyflenwi rhyw anghenion.' [115]

---

[100] Parry-Williams T. H. (1940) *Hen Benillion*, Gwasg Gomer, t. 13.

[101] Parry-Williams T. H. (1940) *Hen Benillion*, Gwasg Gomer, t. 9.

[102] Baines, I. (1978) 'Efo'r Beirdd ac Ifor Baines', *Plu'r Gweunydd*, Tachwedd 1978.

[103] Davies, N. (2000) 'Difyr yw bod...efo'r Beirdd', *Plu'r Gweunydd*, Ionawr 2000.

[104] *Cerddi Moeldrehaearn – Cerddi John Ellis Lewis* (2016) Gwasg Carreg Gwalch.

[105] Davies, N. (1987) 'Difyr yw bod...efo'r Beirdd', *Plu'r Gweunydd*, Awst a Medi 1987.

[106] *Cerddi Moeldrehaearn – Cerddi John Ellis Lewis* (2016) Gwasg Carreg Gwalch, t. 81.

[107] Sweeney – Gwesty Sweeney Hall, Croesoswallt.

[108] Amgueddfa Werin Genedlaethol, Sain Ffagan, 12fed Mehefin 1972 – recordiad o Edith Ellis, Berthfawr yn cael ei chyfweld gan Robin Gwyndaf.

[109] BAC (1910) 'Ar fy hynt', *Baner ac Amserau Cymru*, 31ain Awst 1910.

[110] Bu'r ddau fardd a'r brodyr John a Rob Morgan yn byw yn Glandwr, Y Foel. Fe symudodd John Morgan i fyw i Gorwen gan gynnal siop teiliwr yno; ei wraig oedd y nofelydd Elena Puw Morgan. Fe symudodd Rob Morgan i fyw a gweithio yn siop teiliwr ei chwaer Miss Catherine Morgan yn Victoria House, Llanfair Caereinion.

[111] Amgueddfa Werin Genedlaethol, Sain Ffagan, 12fed Mehefin 1972 – recordiad o Edith Ellis, Berthfawr yn cael ei chyfweld gan Robin Gwyndaf.

[112] Lewis, D.M. (1980) 'Ar Lafar', *Plu'r Gweunydd*, Ebrill 1980.

[113] Ffwrch – ceir fforch ac ynys fechan yn yr afon Twrch, tua hanner milltir i lawr y cwm o Gapel Salem gyferbyn â Caergo.

[114] Y burgyn dan y bargod – roedd Evan John Evans – a gymerodd denantiaeth Caepenfras drosodd gan Wil Caepenfras – wedi gweithio gyda thaid a nain Laura Richards yn y Belan, ac yn cofio llawer o hen hanes diddorol am Hugh Ellis a Jac Bryncydyn.

[115] Parry-Williams, T. H. (1940), Hen Benillion, Gwasg Gomer, t. 13.

Y Cetyn

Bu'r cetyn yn ffrind mynwesol i Hugh Ellis trwy gydol ei fywyd. Gwelir awgrym o bwysigrwydd y cetyn yn y gerdd gan y Bardd Cocos, sef hanesyn am dro trwstan yn dilyn sgwrs fyglyd rhwng bardd a phlismon a achosodd dân yn y sgubor yn y Berthfawr. [116] Roedd y gerdd a ymddangosodd yng ngholofn Gymraeg Thomas James (Iago Erfyl), 'Beth Ddywed y Bobl a'r Papurau', yn y *County Times* yn 1917, yn gwneud cyfeiriad anuniongyrchol at y Rhyfel Mawr. [117]

BARDD A PHOLISMON YN RHOI YSGUBOR AR DÂN WRTH SMOCIO

Onid y'm yn byw mewn cyfnod rhyfedd iawn
Pan y gwneir o hyd rhyw ddifrod rhyfedd iawn.
Nid yw bywyd eidion druan
Mwy na dyn sy'n llawn ei ffwdan
Yn ddiogel heddiw'n unman,
Rhyfedd iawn!

Glywsoch chi am 'ranffawd deifiog
Rhyfedd iawn
Fu mewn ffermdy ger Dolanog,
Rhyfedd iawn.
Trigfan dawel 'Perthog' hygar –
Y mwynhygar fardd awengar,
A'r amaethwr cymwynasgar
Bonedd lawn.

Ah! Rhyw ddiwrnod ar ymweliad,
Rhyfedd sôn,
Yno'r aethai mwyn Heddgeidwad,
Rhyfedd sôn.
A fe aeth y Bardd a'r Swyddog
I'r ysgubor draw yn frysiog
Er osgoi yr hindryciniog,
Rhyfedd sôn.

Yno'n frwd bu hir ymgomio,
Rhyfedd sôn,
A mwynhau y mêl ysmocio,
Rhyfedd sôn.
Syrthio wnaeth o'u pibau duon
'Bomb' i'r gwellt yn llety'r eidion
Ac fe ffrwydrodd honno'n yfflon,
Rhyfedd sôn.

Yno maent yn uchel waeddi,
Rhyfedd iawn,
"Deued pawb â llaw i'n helpu,"
Rhyfedd iawn,
"Trowch o'r beudai yr holl fuches,
Dewch â dŵr pob câr a chares,
Dyma helynt mwyaf hanws."
Rhyfedd iawn.

Oni ddylai'r awdurdodau
Heb ymdroi?
Wysio'r Bardd a'r Plismon yntau
Heb ymdroi,
I roi cyfrif llawn diesgus
O'u gweithredoedd ffôl esgeulus
A'u carchar'n hir arswydus
Heb ymdroi.

Chwi ysmygwr aflan Cymru
Dyma wers,
Nac ewch byth i wair i smygu,
Dyma'r wers.
Cofiwch am y Bardd a'r Swyddog
Ac am anffawd mor difaog
Fu'n y Berth gerllaw Dolanog
Dyma'r wers.

Bardd Cocos

Fe ychwanegodd y Gigfran, sef Iago Erfyl, y nodyn isod sy'n awgrymu nad oedd y tân gynddrwg ag yr awgrymwyd gan y Bardd Cocos:

> Mae caneuon difyr a chwareus fel yr un uchod yn dra derbyniol yn y Nyth, a chredwn y gwnânt fwy o les i'r darllenydd yn y dyddiau trymaidd hyn na photel o ffisig doctor. Ni chwenychem weled ysgubor yn fflamio, ond hoffem yn fawr pe bai rhyw ddigwyddiad llai difaog yn tanio awen y "Bardd Cocos" yn fuan eto. Ymadaweled y darllenydd: llosgi heb ei difa wnaeth y "Berth" ger Dolanog yr un modd a Pherth Midian gynt.' [118] [119]

Y Sgubor (Y Cut Sinc) lle bu'r tân yn y Berthfawr

Bu cryn ddyfalu dros y blynyddoedd ynghylch pwy oedd y Bardd Cocos amgen a fu'n anfon cerddi chwareus yn selog i'r *Montgomeryshire Express* a'r *County Times*. Yn sicr, mi roedd diddordeb ym mywyd a phobl Cwm Banwy yn cael eu hamlygu yn ei awen a'i gynnyrch.

Lluniodd Hugh Ellis rigwm sy'n rhoi'r agraff iddo ymateb i benillion tro trwstan Hugh Davies y Lluast.

ATEB YN ÔL I HUGH DAVIES Y LLUAST

Os digwydd troion trwstan
Yn hanes Hugh y Berth,
Mae Huw y Lluast wrthi
Yn lledu rhain â nerth.

Ond os daw rhyw ddyrchafiad
Iddo yn y byd,
Mae Huwcyn mor ddistawed
Â mochyn yn yr ŷd.

Hen arfer dua'r fagddu
Yw hel a hidlo bai,
Dy nod fo ar i fyny
'Run fath â John Llertai.

Teg felly yw tybio a oedd y rhigwm at sylw Hugh Lluast, yn cyfeirio at y tro trwstan yn sgubor Berthfawr ac yn datgan anfodlonrwydd fod y stori wedi ei rhannu gyda'r byd a'r betws trwy gyfrwng y *County Times*. Nodwyd gan Arwyn Groe fod y rhigwm yn 'gwneud cyfeiriad pwysig at ŵr o'r enw John Llertai, ar ddiwedd y bennill... Athro Ysgol Sul oedd John Llertai, gŵr uniawn a thawel mae'n debyg sef gwrthrych teilwng i godi cywilydd ar Hugh Lluast!' [120] Tybir felly fod penillion y Bardd Cocos yn enghraifft arall o'r cellwair a'r procio o fewn nyth barddol Llangadfan.

Yn ddiddorol iawn, fe ailgylchodd Hugh Ellis y rhigwm at sylw wrthrych arall, John Davies (Hen Grydd y Lluast), sef ewythr Hugh y Lluast.

ATEB YN ÔL I JOHN DAVIES Y LLUAST

Os digwydd troion trwstan
Yn hanes Hugh y Berth,
Prif bleser awen Ioan
Yw hidlo rhain mewn nerth.
Ond pan y digwydd glywed
Am weithred dda ryw bryd,
Bydd Sionyn mor ddistawed
Â mochyn yn yr ŷd.

Arferiad hyll yw dannod
Medd Ifan Jones y Pant,
Mae gweddi yn dygymod
Yn well â chwaeth y Sant.
Hen driciau llu'r afagddu
Yw hel ac ymlid bai,
Dy nod fo ar i fyny
'Run fath â John Llertai.

Wrth ystyried fod y ddau rigwm ymatebol yn benthyg o'i gilydd ac yn cyfeirio at dro trwstan 'Hugh y Berth', gallwn dybio mai ffrwyth partneriaeth rhwng yr ewythr a'r nai yn y Lluast oedd cynnyrch y Bardd Cocos o Gwm Banwy. Roedd y defnydd o'r gair dannod yn ein tywys i feddwl nad oedd yn hapus gyda'r taflu cywilydd yn achos y tân yn sgubor y Berthfawr. Er hynny, ac er y procio'n ôl, teimlir fod y cellweirio yn dwym a diwenwyn, fel eu bod yn deall ei gilydd.

Nid oedd yn un i boeni am bethau dibwys na ddylid poeni amdanynt, fel yn achos y tro trwstan o roi'r ysgubor ar dân; un o'i hoff ddywediadau unigryw oedd: "Hy, dim bwys gennai i, nag am y fraenen a gachodd ar Foel Bentyrch llynedd".

Fe luniodd englyn am Gyllideb y Bobl 1910 lle cyflwynodd David Lloyd George, fel y Canghellor, drethi digynsail ar incwm a thiroedd y cyfoethog a'r teuluoedd bonheddig er mwyn ariannu rhaglenni lles cymdeithasol newydd. Er yn Rhyddfrydwr ac yn cefnogi'r gyfiawn gyllideb, nid oedd yn hapus o gwbl gyda'r cynnydd yn nhreth y tybaco fel y cofnodwyd yn y *Faner* yn dilyn y cwrdd barddonol blynyddol yn Llandrindod yn 1910:

Yr oeddwn yn disgwyl rhai o'm hen gwmni y flwyddyn o'r blaen yma erbyn heddiw: Mr. Jones, Castell, Llanrhaiadr, a Mr. Hugh Ellis, y Berth, Dolanog. Y mae ef yn cwyno fod y Llwyd o Griccieth wedi codi y tybaco, fel y rhaid iddo geisio cynilo am un flwyddyn; ond rhaid iddo, yr un pryd, guro cefn y Canghellydd. Ond, os yw bardd y Berth ar ôl yma, mae Job wedi dyfod yma i gymmeryd ei Ie. Ow! biti na fuasai bardd y Berth a Job yma hefo'i gilydd i gael dau fardd iawn am dro. [121]

CYLLIDEB 1910

Ei llanw â challineb – y cafodd
   Y cyfiawn "Gyllideb";
  Trwy'i chynnwys daeth trychineb,
  Da yn awr nid yw i neb.

Yn ddiweddarach yn 1940, protestiodd drachefn am y bygythiad fod y Canghellor Kingsley Wood am godi pris tybaco unwaith eto!

KINGSLEY WOOD

Kingsley Wood no good but go – no reason
   In raising tobacco;
  No smoking now by jingo,
  Give him fling to King and Co.

Mae'n siŵr mai rholyn o faco fyddai'r rhodd fwyaf cymeradwy yn ei dyb ef. Mi fuodd yn hoff iawn o fygyn trwy gydol ei fywyd! Byddai'n ymweld yn wythnosol â 'Siop Mrs Gittins' er mwyn prynu baco, gan eistedd yn ddi-ffael ar ben Pont Dolanog a thynnu ar ei getyn wrth farddoni.

ATEBIAD AR ÔL DERBYN CHWARTER O FACO YN RHODD GAN GYFAILL

Y baco a ddaeth yn becyn – hefyd
  Mi gefais y cetyn;
  Ar lŵ, mi fyddaf 'rôl hyn
  Yn fwy eger i fygyn. [122]

Er gwaetha'r tân yn y sgubor yn 1917 mi ddaliodd i dynnu ar y cetyn drwy gydol ei fywyd gan resymu bod y cetyn yn dra phwysig i gynnal ei fyfyrdod a'i greadigrwydd barddonol. Yn anffodus ac yn eironig, y cetyn oedd y prif reswm fod llawer o'i gynnyrch heb oroesi. Byddai'n ysgrifennu rhigwm neu englyn ar ddarn bach o bapur a'i ddefnyddio wedyn fel sbilsen i gynnau'r cetyn!

---

[116] Bardd Cocos – nid y Bardd Cocos gwreiddiol o Borthaethwy oedd hwn, ond yn ôl pob tebyg, un o ffrindiau barddol Hugh Ellis.

[117] MCTSMWA (1917) 'Bardd a pholismon yn rhoi ysgubor ar dân wrth smocio', *The Montgomeryshire County Times and Shropshire and Mid Wales Advertiser*, 28ain Ebrill, 1917.

[118] Perth Midian – mae Llyfr Exodus yn cyfeirio at Moses ar Fynydd Horeb yng ngwlad Midian, yn gweld perth ar dân, ond ddim yn llosgi.

[119] MCTSMWA (1917) 'Bardd a pholismon yn rhoi ysgubor ar dân wrth smocio', *The Montgomeryshire County Times and Shropshire and Mid Wales Advertiser*, 28ain Ebrill, 1917.

[120] Groe, A. (2005) 'Difyr yw bod...efo'r Beirdd', *Plu'r Gweunydd*, Gorffennaf 2005.

[121] BAC (1910) 'Ar fy hynt', *Baner ac Amserau Cymru*, 31ain Awst 1910.

[122] Eger – awchus.

Cystadlu a Beirniadu

Bu Hugh Ellis yn llwyddiannus fel cystadleuydd mewn llu o eisteddfodau lleol, yn aml yn cystadlu yn erbyn ei ffrindiau yn nythod barddol Dolanog a Llangadfan. Roedd yn hoff o ganu ac yn meddu ar lais bas cyfoethog, ac yn 'Swper Eglwys Llanerfyl' ar y 13eg Ionawr 1891, fe ganodd ar ei ben ei hun i 'Dafydd Rhys y Diogyn'. [123] Meddai ddealltwriaeth gref o'r sol-ffa donyddol a byddai'n arwain partïon canu yn y cyrddau bach. Byddai'n aml yn cyflwyno traethodau i gyrddau llenyddol ac un o'i brif ddiléits oedd cymryd rhan mewn cystadlaethau dadlau. [124] [125]

Nid oes tystiolaeth ei fod wedi cystadlu'n farddonol mewn eisteddfodau mawr, megis Eisteddfod Talaith a Chadair Powys. Yn wahanol i'w ffrindiau barddol a'i frawd, Ellis Humphrey Ellis, nid oes tystiolaeth iddo fod yn aelod o Gymrodoriaeth Cadair Powys. Er hynny, roedd yn gystadleuydd brwd a chyson yn y cyrddau llenyddol lleol, gyda swm sylweddol o'i farddoniaeth yn ymateb i destunau cystadlu megis rhai'r cyrddau bach.

Mewn pwt hynod ddiddorol yn y golofn 'Ar fy hynt i Drefaldwyn' yn y *Faner* yn 1906 ceir ganddo gyfeiriad at bwy a ystyriai yn gynulleidfa iddo fel prydydd gwlad:

Cefais wythnos boeth ryfeddol i deithio ym mro Maldwyn, trwy Amwythig... Aethum yn ôl fy addewid, hefyd, i'r Berth. "Mi fûm yn darllen beirniadaeth Proffeswr J. Morris Jones, ar destynau y gadair yn yr eisteddfod" meddai gŵr y Berth, "ac wyddoch chi y mae gwahaniaeth rhwng ieithyddwr, neu ysgolhaig, a bardd. Cywirdeb iaith sydd yn cael ei farnu i gyd a dim byd arall, bore yn lle boreu, does eisieu dim byd i gynnyg am y gadair ond cywirdeb iaith, ni chrybwyllir dim am feddyliau o gwbl, ond rhyw scimio gyda'r wyneb, mi eith yr eisteddfod i lawr. Y mae y darnau yn myned fanach, fanach, o flwyddyn i flwyddyn a neb yn deilwng i gael y goron, ebe'r beirniad, ac etto yn ei rhoi i'r goreu yn ôl dau ohonynt". "Rhaid i chwi dreio eich llaw" ebe finnau, "chanasoch chwi ddim i eisteddfod fawr fel yna erioed". "Naddo" ebe yntau, "mi nes englyn neu rywbeth tebyg i Llwyd" meddai. "Dowch i ni ei gael o":

> Hen fwgan hylla fagwyd – y crebyn
>   Yn crwbio gan annwyd;
>   Does ddiocach llaciach na Llwyd,
>   O Lanfyllin i Fallwyd.

Cafwyd ymgom hynod ddifyr yn y cwmni hwn. Dylwn fod yn ddiolchgar ryfeddol i deuluoedd Maldwyn, am y croesaw cynnes a dderbyniais ar bob aelwyd y bûm arni – Gohebydd.' [126]

Er bod rhaid cydnabod cyfraniad enfawr yr Athro John Morris Jones am arwain ar greu *Orgraff yr Iaith Gymraeg*, trwy gyflwyno normau sillafu, mae'n siŵr buasai Hugh Ellis yn dadlau fod y sillafiad 'boreu' yn weddol safonol yn 1906. Gwelir hefyd ei hyfdra yn beirniadu'r beirniad yn gyhoeddus, oherwydd roedd yr Athro John Morris Jones yn boblogaidd iawn yn y cyfnod hwn fel beirniad llenyddol a doedd ddim yn ddyn i'w gwestiynu!

Ceir hefyd awgrymiad yn 'Ar fy hynt i Drefaldwyn' am ei resymeg i beidio â chystadlu mewn eisteddfodau mawr. Nid oedd yn ystyried ei hunan yn ieithydd nac yn ysgolhaig. Yn hytrach, gwelwn brydydd gwlad yn hapus yn ei groen, a fyddai'n defnyddio geirfa a ffurfiau addas lle byddai'n briodol i siwtio ei gynulleidfa. Mae'n bosib ei fod yn gweld yr eisteddfodau mawr yn perthyn i gyrff elitaidd, ac yn fwy cyfforddus yn cystadlu yn y cyrddau bach a oedd yn fwy gwerinol eu naws; tybir fod teyrngarwch Gutyn Ebrill i Arwest Glan Geirionydd, sef gwrth-eisteddfod i'r Eisteddfod Genedlaethol, wedi dylanwadu ar Hugh Ellis. Hefyd, ni ddylid ddiystyru y posibilrwydd iddo gael beirniadaeth yn pigo beiau mewn un o'r eisteddfodau mawr gan ddewis peidio cystadlu ynddynt ar ôl hynny!

Fel un a fyddai'n aml yn anghydffurfio, gallwn amgyffred ei fod o'r farn fod y bobl gyffredin yn fwy hoff o gynnyrch y beirdd gwlad yn hytrach na chynnyrch yr ieithyddion a'r ysgolheigion. Roedd ei ffocws ar ddiwylliant cefn gwlad. Mae'n debyg mai ei ddadl oedd 'mae'n rhaid wrth gynulleidfa gan mai peth marw iawn yw celfyddyd er mwyn celfyddyd.' [127] Yn ddiamau, ei gynulleidfa fel prydydd ei filltir sgwâr oedd yr ardalwyr o fewn ei gymdogaeth.

Byddai'n derbyn gwahoddiadau i feirniadu, yn aml ar gyfer y bobl y byddai'n cystadlu yn eu herbyn. Roedd yn mwynhau ei rôl fel beirniad, yn berfformiwr wrth draddodi ar lwyfan, yn cael ei adnabod am ei ddoniolwch a'i ffraethineb, ond er hynny yn cymryd y grefft o gloriannu o ddifrif.

BEIRNIAID

> Clir enwog fel cloriannydd – heb wyrni
>   Yw y Beirniaid beunydd;
>   Hynodawl ddyfarnriedydd
>   I nithio'r oes mewn iaith rydd.

Roedd hi'n bwysig, fel beirniad, i roi adborth mewn ffurf adeiladol a hwyliog gan sicrhau nad oedd y collwyr ddim yn colli'r hyder i barhau i gystadlu, gan hefyd gofio eu bônt yn aml yn ffrindiau llenyddol iddo!

Ceir hanes gan Arwyn Groe yn *Plu'r Gweunydd* am rôl Hugh Ellis fel y beirniad mewn sefyllfa dra gwahanol a sut y gwnaeth gymryd mantais o'r sefyllfa yn chwareus ac yn ddoniol:

Rhoddwyd iddo'r swydd un tro o feirniadu'r cynnyrch llenyddol yn eisteddfod Capel Saron, Dolanog. Un dasg boblogaidd a osododd oedd y llinell goll. Yn y cyfnod hwnnw roedd cymeriad unigryw o'r enw Edward Jones yn gweithio fel postmon yn ardal Dolanog. Gosododd Huw Ellis y bennill isod i'w chwblhau:

> Mae y gair fod Mair Myfanwy
> Bron â mynd i fyd y fodrwy,
> Pwy enilla serch ei chalon?
> **********************

Gan fod Mair Myfanwy yn berson o gig a gwaed ac yn trigo yn yr ardal, roedd cryn ymateb i'r dasg! Cyrhaeddai amlen ar ôl amlen i'r Berth am ddyddiau lawer, ac ni fyddai Edward Jones yn fodlon gadael y ffarm cyn cael clywed y llinellau coll diweddaraf. Mae rhai ohonynt wedi goroesi hyd heddiw:

> Jac Plas Coch a'i fochau cochion.
> Mab y Foel 'sbo'i dad yn fodlon.
> Dafydd Savage, casglwr Saron!

Roedd Jones y postmon yn cael modd i fyw wrth glywed yr holl linellau enllibus, ac yn mynd rhyw fymryn yn hy ar y beirniad druan! Rhaid oedd dyfeisio rhyw ffordd i dorri crib y postmon h.y. un bore wrth agor un o'i amlenni – â'r postmon yn disgwyl yn eiddgar am gael clywed y llinellau diweddaraf – cymerodd Huw Ellis arno ei fod yn darllen o'r llythyr o'i flaen, gan adrodd y bennill fel hyn:

> Mae y gair fod Mair Myfanwy
> Bron â mynd i fyd y fodrwy,
> Pwy enilla serch ei chalon?
> Jones sy'n cario'r bag llythyron!

Troes y postmon druan ar ei gwt yn go sydyn, a'i heglu oddi yno yn ddyn eitha pîg! [128]

Roedd yn ddiddanwr lliwgar ar lwyfan, tebyg iawn i'w ewythr Gutyn Ebrill, y 'bardd ffraeth'. [129] Bu'r Neuadd Sinc, Y Foel, yn enwog am gynnal eisteddfodau byrlymus a gorlawn, ond yn ôl yr arfer byddai'r gynulleidfa'n prinhau yn ystod beirniadaethau llenyddol. Byddai Thomas Thomas, Melin Grug, yn hel atgofion am un eisteddfod o dan arweiniad Pat O'Brien, a bod y neuadd wedi llenwi'n orlawn oherwydd bod Hugh Ellis yn traddodi'r feirniadaeth ar y gystadleuaeth englyn. Yn ei arddull digymar ffraeth, byddai'n cyflwyno englynion doniol ynghylch y gystadleuaeth a hefyd yn llunio llinellau cynganeddol eu naws yn y fan a'r lle gan bigo'n bryfoclyd ar unigolion yn y gynulleidfa!

JOHN MORLEY A JAC SIENCYN

Morley sydd ar gefn y merlyn – heno,
 Mae'n anhawdd ei ganlyn;
 Gŵr o'i fath, gyrru a fyn,
 Yn sioncach na Jac Siencyn.

Mewn adroddiad yn y *County Times* yn 1939, cafwyd awgrym o'i ddull anghymharol ar lwyfan wrth draddodi beirniadaeth cystadleuaeth yr englyn ar y testun 'Hen Ferch', er ymddengys nad oedd y ffraethineb yn plesio pawb yn y gynulleidfa :

Buom yn ddiweddar mewn eisteddfod ddeuddydd – Sadwrn a Sul – a'r pleser mwyaf a gafwyd oedd clywed yr athrylithgar Mr Hugh Ellis, Berth, Dolanog, yn beirniadu'r farddoniaeth yn ei ddull anghymharol ei hun. Credwn mai perffaith wir oedd yr hyn a ddywedai'r Parch J. A. Mason wrth ddiolch iddo, er mai rhyw gymaint o dywyll i ni oedd y casgliad y daeth iddo: "Dim ond un Hugh Ellis sydd yng Nghymru, a diolch am hynny"! [130]

[123] YL (1891) 'Swper Eglwys Llanerfyl', *Y Llan*, 23ain Ionawr 1891.

[124] Daeth yn gyd-fuddugol ar draethawd 'Y Plentyn yw Tad y Dyn' yng nghyfarfud llenyddol Undeb Llenyddol a Cherddorol Beerseba Foel, Llanerfyl a Beuleh ar 16eg Chwefror 1886.

[125] YTAD (1886) 'Undeb Llenyddol a Cherddorol Beerseba, Foel, Llanerfyl, a Beulah', *Y Tyst a'r Dydd*, 5ed Mawrth, 1886.

[126] BAC (1906) 'Ar fy hynt i Drefaldwyn', *Baner ac Amserau Cymru*, 12fed Medi, 1906.

[127] Dafydd, M. (1991) *Cadw Gŵyl*, Gwasg Carreg Gwalch (1991), t. 8.

[128] Groe, A. (2003) 'Rhigymu, englynion a phenillion', yn Jones, H. M. *Blas ar Fwynder Maldwyn*, Gwasg Carreg Gwalch (2003).

[129] YC (1898), 'Croesaw, Croesaw, Wladfawyr!', *Y Celt*, 1af Gorffenaf 1898.

[130] MCTSMWA (1939) 'Beth Ddywed y Bobl a'r Papurau', *The Montgomeryshire County Times and Shropshire and Mid Wales Advertiser*, 1af Ebrill 1939.

Y Cyfarwydd

Cyfeiriodd Ithel Davies at ei ewythr Hugh yn ei hunangofiant Bwrlwm Byw gan ddweud ei fod yn 'ŵr ffraeth ac yn ddihafal am straeon a ganddo ddawn y cyfarwydd i'w dweud'. [131] Bu Eluned Davies, Coedtalog gynt, hefyd yn hel atgofion am ei ddawn fel storïwr:

> Ar ddiwrnod cneifio yn Coedtalog, byddai 30 i 35 o ffrindiau a chymdogion yn dod yno i helpu gyda'r cneifio. Ac yn ddi-ffael byddai Hugh Ellis yno. Roedd gan y diwrnod cneifio ei agweddau cymdeithasol yn ogystal â'i agweddau gwaith. Byddai Hugh Ellis yn eu diddanu gan adrodd straeon. Roeddwn i'n aml yn meddwl ei fod yn nhraddodiad hen storïwyr Cymru 'Y Cyfarwydd'. [132]

Storïwyr traddodiadol yng Nghymru yn ystod yr Oesoedd Canol oedd y Cyfarwyddiaid. Roedd y diddanu trwy adrodd straeon traddodiadol a chwedlonol yn weithgaredd pwysig yn llysoedd y bonedd. Yn ôl pob tebygolrwydd roedd bardd gyda'r teitl Prydydd gyda rôl ar wahân i'r Cyfarwydd ac yn meddu statws cyffelyb i Bencerdd; yn ddiweddarach fe gollodd y teitl Prydydd ei statws gan esblygu i ddisgrifio unrhyw fardd nad oedd wedi derbyn hyfforddiant ffurfiol cynganeddol yn y Gerdd Dafod. [133]

Cofir am Hugh Ellis am ei ddawn dweud straeon. Fel storïwr a phrydydd gwelwyd ef yn cylchdroi rhwng y llon a'r lleddf ond cofiwyd amdano yn bennaf am ei allu i ddweud pethe doniol. Byddai hi'n arferiad blynyddol yn 'Sêl Defed' y Cann Office i gael hoe ynghanol y gwerthu er mwyn i Hugh Ellis gymryd drosodd a difyrru pawb trwy ddweud straeon ac adrodd barddoniaeth, gan gynnwys y pennillon i 'Dafad Nantyrhelig'. Meddai'r gallu i ddwyn i gof ar flaenau ei fysedd hanesion, straeon a barddoniaeth.

Yn ei hen ddyddiau byddai mynd gyda'i wellau i helpu gyda'r cneifio yn Nantyrhelig, yng Nghwm Twrch; byddai'n cneifio ambell i ddafad yn hamddenol ond y flaenoriaeth oedd sgwrsio, difyrru ac adrodd straeon. Fe gollodd yr awydd i fynychu'r diwrnod cneifio gyda dyfodiad yr injan gneifio; roedd y sŵn byddarol yn amharu ar y cymdeithasu a'r hwyl ac yn tarfu ar y llafar gwlad.

Yn 1937, yn nyddiau cynnar darlledu yn y Gymraeg, darlledodd y BBC yng Nghymru raglen ar 'Gantref Mathrafal' gyda D. Pierce Roberts, ysgolfeistr Llangadfan yn arwain sgwrs yng nghwmni Hugh Ellis, Robert Gittins, Thomas Lewis, Bronafon, Llangadfan a John R. Thomas (Sion Brydydd), Rhydylli, Llangadfan.

PELLSEINYDD

I gludo llais drwy'r gwledydd, – peiriant
   Parod yw'r pellseinydd;
  Drwy ei safn pellderau sydd
  Yn galw ar ei gilydd.

Fe ddechreuodd D. Pierce Roberts y darllediad trwy ddweud:

Enwyd y gantref, chwi wyddoch, ar ôl caer neu gastell Mathrafal yr hwn a godwyd ar y trwyn tir rhwng cydiad y ddwy afon Banwy a Fyrnwy. Yn ôl Hugh Ellis:

Banwy a Fyrnwy beunydd, – yn swynol
   Gusanant ei gilydd;
  Priodant, rhedant yn rhydd
  Ar i awered i'r 'Werydd.

Geir y sôn cyntaf am y gaer tua'r flwyddyn 540, a thebyg ym mai Hafod i Dywysogion Powys a fu am rai canrifoedd. Trigent hwy yn Amwythig neu Bengwern. [134]

Roedd Hugh Ellis wedi ailgylchu'r englyn 'Cydiad y Ddwy Afon Twrch a'r Banwy' ac yn ei elfen yn y darllediad radio yn adrodd straeon megis am gario calch o Borthywaun, ger Croesoswallt i Gaepenfras:

Bûm i yn 'mofyn ugeiniau o lwythi o Borthywaun, Sir Mwythig, i blwyf Llangadfan, pan oeddwn efo'r wedd gartref. Yr oedd y siwrne yn ddeugain milltir yn ôl ac ymlaen, a chymerai o leiaf bedair awr ar hugain i'w chwblhau. Y cyntaf i'r ciln gawsai lwytho gyntaf. Cof gennyf fod dros ugain o wagenni yno ar unwaith yn disgwyl eu tyrn, pan ddechreuodd gŵr o Lanrhaeadr ym Mochnant wylo'n chwerw dost. Aeth rhai i'w holi, a dywedai yntau fod ei dad wedi marw. Galwyd cyngor a phasiwyd iddo gael llwytho yn gyntaf a dan yr amgylchiadau. Aeth llu i'w helpu er mwyn iddo frysio adref i drefnu at gladdu ei dad. Cafodd gychwyn ar fyr dro, ond gofynnodd rhywun iddo, "Pryd bu eich tad farw" "Agos i ugain mlynedd yn ôl" oedd yr ateb, ac ymaith ag ef dan ganu:

> Mi welais ddwy lygoden,
> Yn llusgo Pont Llangollen
> Rownd about o gylch y ddôl,
> Ac yn ei hôl drachefen

a phawb yn taranu melltithion ar ei ôl. [135] [136]

Darganfuwyd stori 'Guto'r Goety' yn ei ysgrifen ar damed o bapur ac sydd yn dangos ei ddiddordeb mewn hela a llunio straeon:

> Y dydd o'r blaen aeth Guto'r Goety am dro i Lundain. Wedi disgyn o'r gerbydres, a sefydlu ei draed ar yr heol daeth un o gŵn y ddinas yn llechwraidd o'r tu cefn iddo, a chipiodd gynffon ei 'fly coat' i ffwrdd yn ei geg. Mewn brys gwyllt gafaelodd Guto yn un o gerrig y palmant i geisio sicrhau pelen i fwledu y ci. Ym mhoethder y frwydr daeth plismon i'r lle, a gwaeddodd: "What is the matter Taffy?" Wel dyma y lle mwyaf direswm ebe Guto. Y cŵn i gyd yn rhydd a'r cerrig yn ffast.

Er nad ydi'r stori ar yr olwg gyntaf ddim yn gwneud synnwyr i ni yn yr oes sy ohoni, oni fuasai'r storïwr yn ei gweld hi'n rhyfedd ac yn ddieithr i dramwyo palmentydd heb gerrig mân arnynt? Roedd y cerrig palmant hyn yn 'ffast' i'r ddaear!

Hoffai adrodd am sut gafodd Llangadfan ei enw, a dyma'r stori yng ngeiriau Edith Ellis, Berthfawr:

Taid 'ma glywes i deud, sut geth eglwys Llangadfan ei henw. Roedden nhw dŵad â phethe, defnydd i adeiladu'r eglwys, ag oedd o mynd gyda'r nos, a fydde fo wedi mynd i gyd erbyn y bore. Cario llwythi o bethe yno. Ag mi aeson nhw i wrando ac i feddwl lle oedd o'n mynd, a be glywson nhw stwff yn mynd [a'r geirie] 'gad yn y fan, gad yn y fan', roedd ryw lais yn galw 'gad yn y fan'. Ac mi roeson [yr enw] yn Llangadfan. [137]

Gelli'r tybio mai'r hen Sant Cadfan oedd yn gweiddi'n rhwystredig o du ôl i'r llen, 'gad yn y fan, gad yn y fan'!

Ceir darlun o'i ddawn fel storïwr, diddanwr a hynafiaethydd mewn noson lenyddol yn Llangadfan yn 1926:

One of the best meetings ever held in connection with the Literary Society was that of last Monday night when Mr Hugh Davies, Lluast and Mr Hugh Ellis, Berthfawr, entertained a very large gathering with reminiscences of local worthies of a bygone generation. Both speakers are very well known in local literary circles, and both possess an apparently endless store of wit and anecdotes.

Mr Hugh Davies spoke of Twm Einion, a tailor and arrant practical joker; John Jones Bethel, alias John Jones y Te a perambulating tea merchant; and in his leisure a poet and preacher; Evan Pugh, an innocent and butt of all jokers of his time, and Dafydd Thomas, Bwadrain, Garthbeibio, who appears to have been a somewhat obstreperous character, and not quite innocent of the crime of wife beating.

Mr Hugh Ellis's list included Rowland Morgan, Llertai, who walked 7 miles to Rehoboth CM Chapel and who was a keen student of geology and astronomy; Richard Erfyl Davies, otherwise Dic y Prydydd, who was in turn farm labourer, policeman, soldier, docker, and in his later years a poet of some note; William Williams Garthbeibio, otherwise Wil Gwen, who was a very promising poet and musician, but whose career was cut short by death shortly after he had gone to live in London;

Richard Thomas Post Office, a sportsman and huntsman whose greyhound 'Nelson' was credited with fabulous abilities, possessing it was said incredible speed and infallible jaws; and John Davies Lluast, who took to writing poetry in advanced middle age and became undoubtedly the most successful composer of englynion in Montgomeryshire.' [138]

Ar yr un noson, fe adroddodd Hugh Ellis hanes doniol am Richard Hughes, Nantydefaid:

Nid oedd yn nemawr o fardd, ond yr oedd yn llenor da....Byddai yn hoff o sôn am ei fuddugoliaethau ym myd y llen. Clywais ef yn adrodd droion am ei lwyddiant mewn cystadleuaeth lenyddol yn Llawrycwm. Bu'n ffodus i ennill llawryf droion yr un noson o dan wahanol benawdau rhyddiaethol. [139] Ond yn y man cafwyd beirniadaeth ar gyfres o benillion a honno'n feirniadaeth yn profi teilyngdod uchel i awdur y penillion. Ond Richard Hughes aeth ymlaen i arddelwi y gwaith. Yn y man cafwyd beirniadaeth ar hanner dwsin o englynion. Aeth Richard Hughes i fyny i'r llwyfan wedyn, pryd y cododd amheuaeth ym meddwl y beirniad parthed ei ddilysrwydd i'r gwaith. Ni chaniateid y wobr iddo nes iddo gyfansoddi englyn rheolaidd i'r Llywydd, a Mr John Jones, Corner Shop Llanfyllin ydoedd y Llywydd. "Wel, wel dyma ti wedi cael dy ddal Dic bach"! Ond yn ffodus daeth i'w gof englyn i ryw James oedd yn digwydd llywyddu yn rhywle ond nid Iago Erfyl ydoedd, rwy'n meddwl. A dyma y llinell gyntaf yn englyn rhywun i'r James hwnnw, 'James sydd yn llywydd llawen'. Wel, doedd ganddo ddim byd ond gweddïo y gwnâi 'Jones sydd yn llywydd llawn' y tro. Mi wyddoch chwi y beirdd yma fod y llinell yn berffaith gywir gywir felly, ond gwyddai Richard Hughes mo hynny i sicrwydd, ond nid oedd dim ei wneud ond mentro ac mi drodd yr anturiaeth allan yn llwyddiant mawr! Wel y mae yr hen frawd Richard Hughes, er wedi marw, yn llefaru eto! Heddwch i'w lwch. [140]

Fe gyfeirodd hefyd at William Williams, Garthbeibio:

> Dyma i chwi gerddor, bardd a llenor. Gwelwch fod yma allu triphlyg ym mhersonau y brawd hwn. ...Byddai rhai yn ei alw yn Willie Gwen, gan mai Gwen ydoedd enw ei fam. Byddai eraill yn ei alw yn William Hir am ei fod yn llawn dwy lath o daldra.
>
> Bu'n canlyn llawer ar grefftwyr Iarll Powys ...Dywedus fod y rhai hynny yn rhai 'hir' i gyd yn enwedig gyda phob gorchwyl pan y deuent i le, gwaith anhawdd a fyddai cael eu gwared. I brofi y gosodiad uchod adroddaf i chwi un hanesyn bychan. Mewn capel heb fod ymhell oddi yma yr oedd dosbarth yn yr Ysgol Sul yn darllen hanes Noa yn adeiladu yr Arch, pryd y gofynnodd yr athraw, 'Beth oedd rheswm dros Noa fod cyhyd o amser yn adeiladu'r Arch'? Yr oedd yr ôll o'r atebion yn anfoddhaol ac yn amrywiol iawn. Ond cafodd un o'r ysgolorion weledigaeth hollol newydd, pryd yr atebodd 'fod yn rhaid mae gweithwyr Syr Watkin ac Iarll Powys a fu yn ei adeiladu'. Barna llawer nad oes modd curo yr esboniad yna. A dyma ydyw barn Dr Moffat ar y pwnc meddant hwy! [141]

Mae gan y Cymry gariad cyfoethog a dwfn ei wraidd at adrodd straeon, sydd wedi bod yn rhan annatod o'u hetifeddiaeth ddiwylliannol ers canrifoedd. Cofir am Hugh Ellis fel cofiadur a hynafiaethydd yn meddu dawn y Cyfarwydd i adrodd straeon am gymeriadau a hanesion diddorol lleol. Mae'r hen straeon wedi hen ddiflannu ac nid ydynt bellach ar lafar gwlad.

---

[131] Davies, I. (1984) *Bwrlwm Byw*, Gwasg Gomer, t. 10.

[132] Davies, E. (dim dyddiad) *I Remember*.

[133] Davies, S (1992) 'Storytelling in Medieval Wales', *Oral Tradition*.

[134] BBC (1937) – trawsgrifiad o raglen radio BBC ar 'Gantref Mathrafal'.

[135] Hughes, A. (2004)'Cynefin', *Plu'r Gweunydd*, Ebrill 2004.

[136] BBC (1937) – trawsgrifiad o raglen radio BBC ar Gantref Mathrafal.

[137] Amgueddfa Werin Genedlaethol, Sain Ffagan, 12fed Mehefin 1972 – recordiad o Edith Ellis, Berthfawr yn cael ei chyfweld gan Robin Gwyndaf.

[138] MCTSMWA (1926) 'Llangadfan Literary Society', *The Montgomeryshire County Times and Shropshire and Mid Wales Advertiser*, 11eg Tachwedd, 1926.

[139] Llawryf – anrhydedd, gwobr

[140] Ellis, E (1921) 'Llyfryn Llanfair Caereinion Dairy Class' – portreadau yn y cefn gan Hugh Ellis o Rowland Morgan, Richard Hughes a William Williams.

[141] Ellis, E (1921) 'Llyfryn Llanfair Caereinion Dairy Class' – portreadau yn y cefn gan Hugh Ellis o Rowland Morgan, Richard Hughes a William Williams

Penillion Cefn Gwlad

Oddeutu 1910 cafwyd helfa arbennig yn yr ardal gyda chŵn hela'r Barwn David Davies (1880–1944), Llandinam, sef Aelod Seneddol Rhyddfrydol Sir Drefaldwyn rhwng 1906 a 1929.

Dechreuodd yr helfa yn Four Crosses gan ymweld â Bryn Disgwylfa, Coed Caerbachau, Gyfylchau, Moel Bentyrch, Coedtalog, Caergo, Bronffynnon, Pen Graig, Plas Dolanog, Buarthbachog, Pen Creigiau, Bron yr Argae, Bwlchgolau, Cynhinfa, Pant Rhedynog, Gwaenynog, Moeldrehaearn, Sgubor Newydd (un o gaeau'r Berthfawr), Cae'n-y-mynydd a gorffen yn y Gelli ger Four Crosses! Roedd yn helfa hirfaith o ddeuddeg milltir, o leiaf, gan groesi dwy afon, sef y Banwy a'r Fyrnwy, ddwywaith!

Cyhoeddwyd 'Cân Y Llwynog' yn y *County Times* yn 1938:

Bythefnos yn ôl cyhoeddwyd cân Saesneg yn y County Times yn disgrifio rhedegfa arwrol ar ôl llwynog yn ardal Machynlleth. Teg felly i ddarllenwyr y Golofn gael cân Gymraeg ar yr un testun – a un llawer mwy athrylithgar. A chan ei bod yn rhyfel gwyllt ar lwynogod ar fryniau gogledd-orllewin Maldwyn, o Dolymaen i Gynhinfa, ac o Carregybig i Riwrgor, bydd y gân yn fwy amserol byth. Gyda llaw, yn ôl y newyddion diweddaraf o faes y gad, ymddengys na ddigwyddodd colledion trymion iawn i'r fyddin lwynogod hyd yn hyn. Beth bynnag am hynny, ceir yn yr arwrgerdd hon brofiad Mr Hugh Ellis, Berthfawr, Dolanog, pan redi ef a gŵyr ysgafndroed eraill gyda chŵn yr Arglwydd Davies rai blynyddoedd yn ôl ar gwrs marathonaidd oedd yn gofyn egni a gwynt a dycnwch diarhebol. [142]

Creuwyd yn y faled ddarlun o'r ardal o gwmpas Berthfawr trwy gofnodi'r daith o le i le; ceir yma hefyd gyfrifiad tra gwahanol yn 1910, drwy greu disgrifiad byw o'r bobl a'r gymuned. Nid oedd White Coedtalog yn ymddangos yng nghyfrifiad swyddogol y Deyrnas Unedig yn 1911, a bu llawer o ddyfalu pwy oedd Mr White; yn ddiweddarach, darganfyddwyd mai White oedd ceffyl gwedd Coedtalog!

CÂN Y LLWYNOG

Dafydd Dafis o Landinam,
Un diwrnod aeth ar garlam;
Gyda'i gŵn hyd wlad anhygyrch
Ar ôl llwynog i Foel Bentyrch.

Llu o wŷr ar feirch porthiannus
Aeth i'w gyfarfod at Four Crosses;
Hoenus fyddin hynaws foddog
Gaed yn llunio i godi llwynog.

Cychwynasant gyda'i gilydd
Gyda brys i gwr y mynydd;
Sŵn y cŵn, a'r chwibanogli
Oedd yn cyrraedd bron i Ceri.

Yn ei ffau roedd Meistr Ffocsyn
Wedi myned i gael nepyn;
Ar ôl newydd fwyta cinio
Ar yr hwyaid fu'n ysbeilio.

Sŵn y cŵn wnaeth ei ddadebru,
Codi wnaeth ar chwap i fyny;
Ffwrdd â'r helgwn nerth eu coesau
Ar ei ôl i fyny'r creigiau.

Chwilio wnaeth am ddinas noddfa
Tua chopa Bryn Disgwylfa;
Nid oedd noddfa i'r ysbeilydd
Yno i gael rhag llid dialydd.

Trodd yn ôl trwy goed Caerbachau
Draws y ffordd a chors Gyfylchau;
"Ffwrdd â nhw dros ben y llidiart
Tua'r Foel," medd Bourne y Brickyard.

Ar hyd llwybrau tra anhygyrch
Buan aeth o gylch Moel Bentyrch;
Croesi wnaeth y Fanwy donnog
I gael sgwrs â White Coedtalog.

Trodd i fyny ar ei union
Trwy Caergo i Bron y ffynnon;
A chyfeiriodd yn chwim droediog
Tros Pengraig i Blas Dolanog.

Morgan Harris oedd yn gwaeddi
"Dacw nhw wrth Fwlchygelli";
Ym mhen eiliad roedd y llwynog
Wedi pasio Buarthbachog.

Ymaith aethant nerth eu gwadnau
Ar draws Foncyn Pen y Creigiau;
Yn y copi gwaeddai Cooper
"Try to stop him through the river".

Yn y gwaelod yn eu gwarchae
Yr oedd Tomos Bronyrargae;
Clywais ef ei hun yn tystio
Fod y cŵn wrth gwt y cadno.

Ym mhen 'chydig o eiliadau
Roedd y gelach ar Fwlchgolau;
Wedi methu cael dihangfa
Canodd ffarwel i Gynhinfa.

Aethant heibio Pantrhedynog
A thu ôl i dŷ Gwaenynog;
"Maent yn dal i fynd yn gadarn,"
Medde Morris Moeldrehaearn.

Croesodd gaeau Sgubor newydd
Heibio Edward Cae'n-y-mynydd;
Pob symudiad oedd mewn cydgord
Pan aent heibio Evan Bumford.

Cafodd ef ei droi a'i drosi
Lawer gwaith o gylch y Gelli;
Ond y cadnaw yn y diwedd
Yno dynnwyd rhwng eu dannedd.

Gwaeddodd Pugh, "Rhowch hanner eiliad
I'r hen bryfyn ddweud ei brofiad";
Ond ni chaed yr hanes hwnnw,
Edifeirwch hyd ei farw.

Yn gyhoeddus am ddwyn gwyddau
Cafodd gystudd am ei gastiau;
Aeth am drotian a lladrata
Yn gynhaliaeth i gŵn hela.

Bu cryn ddiddordeb ym maled 'Cân y Llwynog' yn yr ardal. Er ei bod yn gerdd rydd, roedd hi'n anodd i'r prydydd osgoi'r demtasiwn o gyflwyno llinellau cynganeddol eu naws mewn rhai mannau. Mae rhythm y penillion yn cyfleu rhuthr yr helfa ac fe deimlir y cyffro a'r hwyl o fewn lleferydd y trigolion. Mae'n diweddu trwy ddangos rywfaint o dosturi at y dihiryn ac yn nodi rhyw ddoethineb a dysg, sy'n aml wedi'i blethu i mewn i'w gerddi ac sydd yn nodweddiadol o 'batrwm y cyfnod gan orffen efo'r 'neges". [143]

Roedd hela'r llwynog yn achlysur cymdeithasol pwysig yn yr ardal. Cafwyd ailymweliad teilwng iawn gyda'r testun gan hen ffrind barddol arall, sef David Williams (Dewi Glan Banw), Llanoddion Isaf, Llanfair Caereinion, trwy olrhain hanes helfa arall ger Berthfawr ar 7fed Rhagfyr 1939. [144] Roedd y penillion 'Hela'r Llwynog' yn cyfeirio at 'arwr y Gymanfa' sef John Lewis (John y Foel), Moeldrehaearn – tad John Ellis Lewis – a bu cryn ddiolchgarwch yn yr ardal am y weithred o ddelio hefo'r 'troseddwr, a lofruddiodd lawer oen'. [145]

HELA'R LLWYNOG

Y seithfed dydd o Ragfyr
Bu'r helfa rwydda' rioed;
Oddeutu bro Gwaenynog,
'Doedd neb yn drwm ei droed,
Daeth helgwn chwim Dysynni,
A'u helsmon yn ei hoen;
Eu swydd oedd dal troseddwr,
Lofruddiodd lawer oen.

Rhoed clod i Jones y Llysyn,
A Jones y Parc at hyn;
A Tomley Aberdeunant,
Am arolygu'n dynn.
Roedd William Jones, Caepenfras,
Mewn ofn i'r cadno ffoi;
Ac Evans, cipar Jackson,
Yn gwaeddi Tal-i-hoi.

O fewn i ddrysni'r fawnog,
Bu brwydr ddinacâd;
A throdd y llannerch hynod,
Yn goch fel maes y gad.
Aeth gŵr y Foel mor falched.
Â chorgi o flaen tân;
Wrth ddial ar y giwed,
A waedodd gywion Jane.

Llywelyn Jones, Gwaenynog,
A Joseph Jones, Tynrhyd;
R' ôl hynt yr helynt hwyliog,
Chwarddasant ar eu hyd.
John Jones, Tynrhos, a'i fonedd,
A hela'n llond ei waed;
A fu o fewn tair modfedd,
I ddal un nerth ei draed.

Caed Edward Jones, Cae'n-y-mynydd,
Yn wên o glust i'w drwyn,
Wrth feddwl am ei gynnydd,
A chodi mwy o ŵyn.
Daeth teulu'r Berth a chynnig,
Ac eiliodd Rhyd-y-gro;
I gynnal Gŵyl i ddathlu'r
Amgylchiad yn y fro.

Clod byth i Jones y Dyrnwr,
Dangosodd rym ei ras,
Yng nghadlas Buarthbachog,
A'i beiriant wrth y ddas;
Y llanciau oll yn arfog,
Ym maes y drin am dro;
'R oedd hynny'n fwy crefyddol
Na dyrnu, medde fo.

Daw chwid, yr ieir a gwyddau
Y wlad i gyd heb ball,
A hwylgerdd fyw i'r helgwn,
Mewn un gynhadledd gall.
Eu hepil mwy fydd hapus,
Heb arswyd na ddêl un
O'r pechaduriaid rheibus
I dorri ar eu hun.

Mi aethpwyd am y sytha
Weis brwd, a dyna spri,
A gweled gwerth mi goelia
O drem y marwol dri.
Dywedir gan bob copa
O'r Wig i Dwntirfoel;
Mai arwr y Gymanfa.
Heb os, fu John y Foel.

David Williams (Dewi Glan Banw)

Fe ganodd ei wyres, sef Blodwen Morris, y gerdd 'Ar Hirddydd Haf',
gan efelychu steil ei thaid. Fel yn achos 'Cân y Llwynog' fe blethodd
enwau'r anheddau a'r ffermydd yn gelfyddyd i mewn i'r gerdd. Cafodd
ei magu ym Mhentre Bach, Cwm Twrch, Y Foel ac fel cofiadur a
phrydydd ei milltir sgwâr, roedd yn dra chyfarwydd gyda bro ei mebyd
ac yn hiraethu am y gorffennol.

AR HIRDDYDD HAF

Ar hirddydd haf mi af am dro
Hyd llwybrau bro fy mebyd;
Atgofion lu a ddaw i'm co'
Wrth weld y mannau hyfryd.
Canfyddaf fod pob bryn a nant
Yn aros drwy yr oesoedd,
Ond wedi myned mae y plant
I'r byd ar eang diroedd.

Murddynnod wela'i ar fy nhaith
Golygfa bur ddigalon,
Ple byddai gynt gryn chwech neu saith
O deulu'n byw yn fodlon.
Mae'r Felin wedi ei wneud yn dŷ
Hardd iawn, yn eiddo Saeson,
Ag ar ben wythnos dônt yn llu
I rodio min yr afon.

Af gyda godre Gallt Cae Dŵr
Hyd ffordd drofaus a rhiwiau,
Gan edrych draw i'r fan yn siŵr
Lle gyntaf welais olau.
Dros Bont Dolwyd yn chwim yr awn
At Salem yr addoldy,
Rwy'n cofio gynt y seddau llawn
A'r Sul yn cael ei barchu.

Gyda'r atgofion af ymlaen
I fyny ar fy union,
'Rôl imi gyrraedd Pen y Waen
Cael eirin a llysduon.
Gorffwyso ar y groesffordd wnaf
Gan syllu draw i'r Blaenau,
Mae'r ffermdai yno yn dai haf
A choed orchuddia'r llethrau.

Sawl diwyd fugail gofiaf gynt
Fu'n magu plant talentog,
A gerddent drwy y glaw a'r gwynt
I'r ysgol yn bur selog.
Trof nawr i'r chwith am Ben y Bryn
I olwg Dyffryn Banwy,
Caf weld 'rhen ysgol o'r fan hyn
Lle gynt bûm iddi'n tramwy.

Af ar i waered lawr y Fron
At eglwys hen Garthbeibio,
Mae hiraeth yn y galon hon
Am ffrindiau yma'n huno.
Lawr rhiw Tŷ Gwellt i Bentre'r Foel
"Teg edrych tuag adre",
A diolch wnaf fod hyn yn goel,
Bu'n bleser rhodio'r llwybre.

> Blodwen Morris, gynt o'r Llwydcoed,
> Llangadfan

Cyhoeddwyd 'Dafad Nantyrhelig' yn y *County Times* yn 1937 gan dderbyn canmoliaeth blwyfol ei naws:

> I arall eirio llinell adnabyddus, "prin yw'r newydd yn y gôd" a dyry hynny siawns dda i roddi yn y golofn gân o waith Mr Hugh Ellis Berthfawr. Cân awenyddol a medrus wirioneddol, yn hawlio ei lle yn gyfreithlon yn olyniaeth yr hen Gerddi a Baledi. Llawer gwell Cerdd yw hi mewn gwirionedd na 'Defaid William Morgan', a enillodd y fath fri yn siroedd y Gogledd beth amser yn ôl.' [146]

Unwaith eto, roedd yn adrodd stori drwy gyfuno crefftau'r Cyfarwydd â'r Prydydd Gwlad. Mae'r gerdd yn rhoi cyfle i'r gynulleidfa ddod i adnabod yr hen ddafad gyfrwys a'r lleoedd a'r bobl yr ymwelodd â hwynt! Disgrifwyd ei chastiau wrth geisio osgoi cael ei dal. Enw arall a ddefnyddir ym Maldwyn i'r ddafad grwydredig ydy'r ddafad ddrygiog, ac mae'n siŵr i'r ddafad hon achosi cryn loes i'r bugail! [147]

DAFAD NANTYRHELIG

Ar eira mawr y dyddiau gynt
Aeth dafad fechan gyrnig,
I lawr y dyffryn ar ei hynt,
O fynydd Nantyrhelig.
Ar ôl cyrhaeddyd Pontdolwyd,
Meddyliodd yn ei chalon
Y llwyddai ddod o hyd i fwyd,
Ar ddolydd Glanyrafon.

Ond er ei siomiant, rhew ac iâ
Oedd yno yn teyrnasu,
I ffwrdd â hi gan weiddi bâ
Yn union rhag newynu,
Ac esgyn wnaeth i lecyn iach
O lannau'r Dwrch ddolennog,
I feddwl pori dipyn bach
Ar ddeunant Pantrhedynog.

Wrth droi ymysg y twyni mân
Hi gollodd bwynt ei chartref,
Aeth gyda defaid Nant y Frân
I ffriddoedd Bwlchypentref.
A chrwydro bu hyd lwybrau croes
Ar hyd a lled y bröydd.
Diau i hyn roi aml loes
I galon y bugeilydd.

Bu gyda William Alltcaedwr
Yn treulio rhan o'r gaenen;
A thalai ymweliadau'n siŵr
Â Dafydd Pengriolen.
Hi grwydrai weithiau ar i lawr
Bryd arall ar i fyny,
Gwn iddi dreulio llawer awr
Ar ochr ffridd Gwynyndy.

Nid gorchwyl hawdd i neb ei dal
Tra byddai'n mynd a dyfod,
A dysgodd neidio dros y wal
I gaeau Lletypïod.
Os gwelai Pero, rhedai'n ôl
Yn gyfrwys heibio'r Ogo,
Carlamu wnâi drwy bentre'r Foel
I ddolydd Maesgarthbeibio.

Pan drodd y gwynt i bwynt y de
A'r Gwanwyn i ddechrau gwenu,
Roedd pob arwyddion yn y lle
Fod hon yn llawenychu.
Fe ddaeth y llanw wedi'r trai
Mor gall deallodd hithau,
A phob diwrnod pori wnâi
O gynnwys yr eginau.

Roedd pawb yn unfryd ym mhob man
Ei bod yn gryn ladrones,
A gyrrwyd Lloyd o Dynyllan
Pob cam i ddweud ei hanes.
A'r bugail ddaeth i lawr ar frys
A haid o gŵn i'w 'mofyn,
Ond buan iawn hi weithiodd Rhys,
Tu ôl i Lletyderyn.

Yn drwch o dom, yn llom o wlân
Hi groesodd rosydd Llwydcoed,
Ac aeth i wenith Nant y Frân
Wrth dalcen tŷ yr Argoed.
Bu'n mynd i dorri peth o'i chwant
I gaeau Brynygwaeddan,
A rhodio wnâi yng nghwmni'r nant
Am dro i goed y Belan.

Er llwyddo i ddianc lawer gwaith
I'r rhwyd y daeth medd rhywun,
Fe'i dalwyd ym mhen amser maith
Ar waelod Dolydd Llyssun.
Os coeliwch fi, nid math o ffug
Yw cynnwys hyn o ganig,
Mae heddiw'n pori yn y grug
Ar fynydd Nantyrhelig.

Mae hwn yn ddarlun digon siŵr
O aml fab afradlon,
Fu'n torri bylchau yn y mur
Sy'n amgylchynu Seion.
Er mynd ymhell o sŵn y gân
I'r anial unig llydan,
Dwed Iôr ar goedd fod gwleddoedd glân
Ag arlwy lond y gorlan.

Defnyddiodd y gerdd 'Ddafad Nantyrhelig' 'run fformiwla â 'Cân y Llwynog', gan greu darlun cynhwysfawr o ardal oedd yn gyfarwydd iawn i'r prydydd a'i gynulleidfa, sef Cwm Twrch, Y Foel, Llangadfan a Llanerfyl. Bu'r baledi 'Cân y Llwynog' a 'Dafad Nantyrhelig' yn boblogaidd yn yr ardal oherwydd eu bod yn ganadwy, ac fe ddeellir fod Eddie Roberts, Llanerfyl a John Ellis Lewis, Moeldrehaearn, yn eu canu'n ddigyfeiliant. [148] [149]

Bu John Ellis Lewis, Moeldrehaearn yn hel atgofion am ei Ewythr Hugh: 'Mi wela'i o … yn yr oedfa yn Saron acw a'i feddwl yn bell yn ystod y bregeth. Cerdded o'r capel wedyn yn ei gwmni a fynte'n adrodd rhyw englyn neu'i gilydd a luniodd o yn ystod yr oedfa.' [150] Tybed a wnaeth Hugh Ellis ddechrau llunio'r gerdd 'Dafad Nantyrhelig' yn ystod un o'r pregethau yng Nghapel Sardis neu Gapel Saron ar destun y Mab Afradlon? Yn wahanol i 'Cân y Llwynog', roedd y 'neges' yn ffyddiog ei naws ac roedd 'na ddiwedd hapus i'r stori. Fel yn nameg y Mab Afradlon, mi ddychwelodd y ddafad fechan i'r gorlan ac i bori'n rhydd ar fynydd Nantyrhelig.

[142] MCTSMWA (1938) 'Cân y Llwynog', *The Montgomeryshire County Times and Shropshire and Mid Wales Advertiser*, 12fed Chwefror 1938.

[143] Groe, A. (2001) 'Difyr yw bod...efo'r Beirdd', *Plu'r Gweunydd*, Gorffennaf 2001.

[144] *Awen Maldwyn – Cyfres Barddoniaeth y Siroedd* (1960), Llyfrau'r Dryw – Gweler nodyn bywgraffiadol ar dudalen 142: 'Williams, David (Dewi Glan Banw) (1876 – 1959). Ganed yn ardal Llanllugan, a diweddodd ei oes yn Llwyn Huan, Llan-san-Ffraid. Fel ffermwr yn Llanoddion Isaf, ger Llanfair Caereinion y cofir amdano. Enillodd gadair ym Mwlch-y-ddâr, a llawer gwobr am englyn a thelyneg mewn eisteddfodau lleol.'

[145] MCTSMWA (1939) 'Hela'r Llwynog', *The Montgomeryshire County Times and Shropshire and Mid Wales Advertiser*, 30ain Rhagfyr 1939.

[1461] MCTSMWA (1937) 'Dafad Nantyrhelig', *The Montgomeryshire County Times and Shropshire and Mid Wales Advertiser*, 1af Mai 1937.

[147] Dafad Nantyrhelig – nid oes rheswm digonol i amau bodolaeth y 'ddafad fechan gyrnig', ond mi roedd gan ddefaid Nantyrhelig enw am fod yn grwydredig, oherwydd roedd yn fynydd agored tan yn gymharol ddiweddar. Yn dilyn y gaenen galed yn 1947 a throsglwyddiad i ffermwr newydd, erbyn y 1950au roedd Mynydd Nantyrhelig wedi'i ffensio, fel nad oedd bellach yn agored. Mae'n bosib fod Hugh Ellis wedi cyflwyno creadigaeth symbolaidd gyda'i 'neges', sef alegori, tra oedd hefyd yn tynnu coes hen fugail Nantyrhelig yn chwareus.

[148] Cân y Llwynog' – roedd John Ellis Lewis, Moeldrehaearn, yn ei chanu'n ddigyfeiliant ar yr alaw 'Mochyn Du'.

[149] *Plu'r Gweunydd*, Alwyn Hughes, Ebrill 2007 – 'Cynefin' – roedd Eddie Roberts, Llanerfyl yn adnabyddus fel canwr penillion a baledwr; roedd yn cael ei gyfarch yng Ngorsedd Eisteddfod Powys fel Eos Erfyl.

[150] Groe, A. (2008) 'Difyr yw bod...efo'r Beirdd', *Plu'r Gweunydd*, Mawrth 2008.

Diarhebion

Nid oes gennym ddiarhebion yn perthyn i Hugh Ellis, ond cyflwynir cynnyrch mwy diweddar o waith ei wyres Gwladys Williams. Mae diarhebion yn ddywediadau traddodiadol, syml a gafaelgar sy'n mynegi rhyw wirionedd yn seiliedig ar brofiad neu synnwyr cyffredin. Er yn gallu bod yn ffrwyth i lenyddiaeth fwy ffurfiol, maent hefyd yn gallu cael eu ffurfio a'u trosglwyddo dros amser trwy gyfrwng llafar gwlad. Roedd diarhebion Gwladys Williams wedi'u llunio i odli ac yn rhoi blas ychwanegol i ni o ffrwyth diwylliant cefn gwlad.

DIARHEBION [151]

> Maith yw taith i ddyn ei hunan.
> Nid oes nos ar noson loergan.
> Sŵn y storm ni chlyw y byddar.
> Awel fwyn wna'r côr i drydar.
> Hawdd yw canu pan fo heulwen.
> Mesen fach a dyf yn dderwen.
> Cluda'th lwyth fel gwna'r morgrugyn.
> Gwell diwydrwydd nag ysbardun.
> Cadw i ffwrdd yn gudd wna'r cadno.
> Gwell arafu nag ymdaro.
> Smotyn du ar wyn sy'n eglur.
> Eli rhad yw gair o gysur.
>
> Gwladys Williams

---

151 Davies, N. (1983) 'Difyr yw bod...efo'r Beirdd', *Plu'r Gweunydd*, Mawrth 1983.

Clodydd, Cyfarchion a Llongyfarchion

Yn 1891 cyhoeddwyd dau englyn yn y *Faner* yn llongyfarch Richard Lewis, Cyffin Fawr, Dolanog ar ei briodas â Sarah Roberts. [152] Roedd Richard Lewis yn un o ffrindiau gorau Hugh Ellis ac yn perthyn i nyth barddol Dolanog.

AR BRIODAS MR. RICHARD. M. LEWIS, CYFFIN FAWR, CANN OFFICE

SARAH, angyles eurwen – a hudodd
   Serchiadau'r bardd trylen;
  Llanc hoff, heb gur, pur i'r pen,
  Ddewisodd yn dda asen.

I RISIART na foed rhysedd – na'i SARAH
   Gain, siriol, un chwerwedd;
  Ond mwynhau o hyd mewn hedd,
  Oes amlwg mewn gwir symledd.

Diddorol yw dilyn cyfres o farddoniaeth yn ymwneud â theulu a bywyd y llenor Dyddgu Owen. Roedd Hugh Ellis yn ffrind i'w rhieni, sef y Parch. O. R. Owen a Mrs Ruth Owen, Pontrobert, a cheir cyflwyniad a phenillion yn y Faner yn 1906 yn eu llongyfarch ar eu priodas:

Y mae enw y bardd sydd yn canu yn ddigon o sicrwydd am eu rhagoriaeth. Cana yn hwyliog, eto yn syml, tlws a barddonol. Nid marwnad glogyrnaidd a gei ganddo; ond canig syml, dlos, adeg priodi. Cofion at y bardd, a da gennym weled ei enw a'i waith. [153]

LLINELLAU CYFLWYNEDIG I'R PARCHEDIG O. R. OWEN, DOLANOG, MALDWYN, A MISS RUTH EDITH JONES, BRYNEGLWYS, FFLINT, AR ACHLYSUR EU PRIODAS

LLAWENYDD di gymmysg a geir yn ein bro,
Clymwyd dwy anian mewn undeb, do, do;
Mae Owen R. Owen a Ruth, erbyn hyn,
Drwy rwymau priodas mewn cwlwm go dynn.

Tynghedodd R. Owen mor sicr â'r bangc
Na fynai mo'r bydoedd am fod yn hen langc;
A hithau, Ruth Edith, gan lawnder ei serch,
Ni fynnai prin grybwyll am enw hen ferch.

Gwnaed trefniant, un diwrnod, i fyned am dro,
I weled gwyrddlesni a harddwch y fro;
Ond tra yn ymgomio â'i gilydd, heb ball,
Ymdoddodd serchiadau y naill yn y llall.

Yn unfryd cyttunwyd mai bywyd di lun,
Ac unig y sawl sydd yn byw wrtho'i hun;
A seilwyd cyfammod mor gadarn â'r graig
Y byddent, rhyw ddiwrnod, yn ŵr ac yn wraig.

'Doedd dim ar y ddaear yn unol â'u chwaeth,
Ond byw gyda'i gilydd, 'er gwell, neu er gwaeth';
Boed llinell eu gobaith yn union neu'n gam,
'Roedd cariad eu mynwes i bara yn fflam.

Yn llon, ger yr allor, ar foreu ddydd Iau,
Caed hwy yn llaw-nodi cyttundeb eu dau;
A'r fodrwy urddasol osododd y brawd
Am fys ei fwyn Edith i'w gwneud yn un cnawd.

Boed telyn eu hawddfyd yn dyner, bob tant,
Boed llwyddiant i'w dilyn, a llawer o blant;
Boed mordaith ddymunol i'w cwch drwy y byd,
Nes glanio yn mhorthladd y Ganaan yn glyd.

Cyhoeddwyd y gerdd yn llongyfarch genedigaeth Dyddgu Owen yn y
Faner yn 1907. [154]

LLONGYFARCHIAD I'R PARCH. O. R. OWEN A MRS. OWEN, PONTROBERT, AR ENEDIGAETH DYDDGU, EU MERCH GYNTAF-ANEDIG

Rhodd annwyl i'w rhieni
Yw Dyddgu fechan, dlôs,
Oleulwys fel y lili,
A hawddgar fel y rhos;
Sirioli llys yr aelwyd
Wna'r eneth fach, ddi-nam;
Er dwthwn gwyn ei ganwyd,
Mae'n swyno'r tad a'r fam.

Yn selog dros y 'solo'
Bu rhain am dymor llawn,
Ymunwyd yn 'duetto',
Symmudiad campus iawn;
Maent heddiw'n 'drio' hapus,
Mor ffodus yw eu rhan,
A chwyddo wnant yn gorus
Di-guro yn y man.

Daeth Dyddgu Owen (1906–1992) i'r amlwg fel llenor,
Cenedlaetholwraig Gymreig frwd a cholofnydd i'r *Faner* a'r *Cymro*.
Bu'n ddarlithydd yng Ngholeg y Drindod, Caerfyrddin ac yn
brifathrawes ysgol anghenion arbennig yng Nghyfronnydd, Maldwyn.
Ysgrifennodd nifer o lyfrau i blant, llyfrau teithio gan ennill gwobr Tir
na nOg yn 1979 am y nofel 'Y Flwyddyn Honno'.

DYDDGU

Un foddog i'w rhyfeddu – ddawnus hoff
   Ddena serch y teulu;
  Geneth fad, llawn cariad cu
  Od o hawddgar yw Dyddgu.

Yn yr englyn i Dr Maurice Thomas ceir moliant i'r meddyg teulu uchel ei barch yn ardal Llanfair Caereinion. [155] Deellir fod llawer o sgwrsio a hela hwyl rhyngddo a gŵr y Berth!

DR THOMAS

Bachgen del o Bwllheli – a meddyg
   Llawn moddion yw Dafi;
  Cu ŵr ffraeth, cywir a ffri,
  Llon ei ysbryd llawn asbri.

Arferai David Poole pan oedd yn was yn y Berthfawr gario Beibl gydag ef i'r caeau ac yn ddiweddarach bu Hugh Ellis yn gefnogol iawn yn ei annog i ddilyn yr alwad i'r Weinidogaeth. Bu Hugh Ellis yn gefn mawr iddo, a cheir hanes iddo ei helpu dipyn bach ar lunio'r bregeth gyntaf. Cafodd y Parch. David Poole yrfa lewyrchus ac anrhydeddus fel pregethwr gyda'r Methodistiaid Calfinaidd.

PARCHEDIG DAVID POOLE

Gŵr o sylwedd clir ei feddwl – rhwyddaf
   Brif adroddwr manwl.
  Edybiaf fod dawn dwbwl
  A rhin pur yng nghoryn Poole.

Un enghraifft sydd gennym ohonno yn cyfarch trwy anerchiad barddol, a honno yn Eisteddfod Gadeiriol Llangadfan yn 1927, ond nid yw'r penillion wedi goroesi. [156] Fel aelod o Gymrodoriaeth Cadair Powys, gwnaeth ei wyres, sef Winnie Roberts, gynt o Bentre Bach, anerchiad barddol o'r maen llog wrth gyhoeddi ymweliad Eisteddfod Talaith a Chadair Powys â'r Trallwng yn 1983. [157]

CÂN CROESO EISTEDDFOD POWYS

Henafol Ŵyl ein Talaith,
Cyhoeddi wnawn â bri,
Bydd yma yn y Trallwm
Yn Hydref wyth deg tri.

Mae yma le delfrydol
Ar wastadeddau'r Sir,
A'n braint fydd cael ei noddi
R'ôl pymtheg mlynedd hir.

Ar Faes y Meini heddiw
Ymgynnull wnawn yn llon,
Brwdfrydedd sy'n gwefreiddio
Trigolion y dref hon.

Pentrefi y cyffiniau
Sy'n honni'r Ŵyl a'r iaith,
Y plant a'r dysgwyr hefyd
Yn ddiwyd yn y gwaith.

Rhaid gwarchod ein traddodiad
A'n hiaith mewn amscr blin,
A hybu ein diwylliant
Mewn ardal ger y ffin.

Dewch lawr o'r cymoedd hyfryd,
Gorllewin, Gogledd, De,
Bydd gwledd a naws y cynfyd
Heb os yn llanw'r lle.

A chwithau feirdd, llenorion,
Cantorion oll yn llu,
Celf, crefft ac offerynnau
Bydd croeso cynnes, cu.

Ynghyd yng nghylch yr Orsedd
Cawn floeddio oll yn glir,
Yr 'Heddwch' mewn gorfoledd
Yn Y Baradwys dir.

Tra Mwynder Maldwyn erys
A'r Hafren red trwy'r wlad,
Rhaid cadw Steddfod Powys
Er budd a gwir fawrhad.

Winnie Roberts (Catrin Banwy)

Cyflwynodd Winnie Roberts benillion llongyfarch chwareus ar achlysur priodas ei chwaer, mewn arddull reit debyg i'w thaid. Roeddynt yn cyfleu'n hwyliog yr elfen annisgwyl i'r briodas yn hwyrddydd eu bywydau.

PRIODAS TREVOR MORRIS A BLODWEN EVANS – MEDI 6ED 1984

Yn Horeb heddiw'r bore
Fe unwyd dau reit slei
A W.O.'n gweinyddu [158]
Llawn gwell na phriodas 'Di'. [159]

Roedd llawer o arwyddion
Fod rhywbeth yn y gwynt
Y mynd a'r dwad beunydd
I rhywle ar ei hynt.

Mae'r ddau a'u diddordebau
Yn eang yn yr iaith,
Y pethe sydd yn bwysig,
Y Sul â'r diwrnod gwaith.

Yn sydyn penderfynwyd
Mai gwell oedd byw ynghyd
Ac y mae Blod a Trevor
P'nawn heddiw'n wyn eu byd.

'Prescription' cadw'n ifanc,
Bydd heddiw iddyn nhw
Pob bendith a hapusrwydd
Yn 'Number seventy-two'.

Winnie Roberts (Catrin Banwy)

Ceir dirgelwch ynghylch hanes y pâr a'r lleoedd yn y penillion serchus 'Dyfod Adref' a does dim gwybodaeth am beth oedd cyffyrddiad y bardd gyda'r achlysur.

DYFOD ADREF

Dyfod adref wna Myfanwy,
Dros y don o'r Ynys Werdd,
I gael clywed afon Banwy,
Unwaith eto'n canu cerdd.

Awn am dro i ben y Gwryd,
Ac i ddringo Esgair Wen,
Lle y buom ddyddiau mebyd
Yn cyd chwarae ar ei phen.

Dyfod adref wna i'w henfro
I gael modrwy am ei bys;
Mae Myfanwy wedi addo
Bod yn wraig i Watcyn Rhys.

Deellir fod y gair 'bardd' yn deillio o'r hen air Celtaidd, 'bardos', ac o bosib, ymhellach fyth yn ôl o'r gair Proto-Indo-Ewropeaidd 'gwredho', sef yr hwn a wna glod a moliant. [160] Un o'r swyddogaethau mwyaf anrhydeddus a boddhaol i'r prydydd oedd bod yn rhan o ddathliadau priodas a'r achlysuron llawen hynny o fewn ei filltir sgwâr.

---

[152] BAC (1891) 'Ar Briodas Mr. Richard M. Lewis, Cyffin Fawr, Cann Office', *Baner ac Amserau Cymru*, 16eg Rhagfyr 1891.

[153] BAC (1906) 'Llinellau cyflwynedig i'r Parchedig O. R. Owen a Miss Ruth Edith Jones', *Baner ac Amserau Cymru*, 7fed Chwefror 1906.

[154] BAC (1907) 'Llongyfarchiad i'r Parch. O. R. Owen a Mrs. Owen, Pontrobert, ar enedigaeth Dyddgu', *Baner ac Amserau Cymru*, 20fed Mawrth 1907.

[155] Doctor Maurice Thomas, Llanfair Caereinion – ffrind agos, gydag agwedd yn llawn hwyl at fywyd yn reit debyg i Hugh Ellis! Nodir fod Dr Thomas yn defnyddio gelod (leaches) fel ffurf o feddyginiaeth a'i fod yn casglu'r rhain yn Llyn Gwylfryn, ar dir Glanllyn, heb fod yn bell o Fryncydyn, ac yn Llyn Coethlyn ar fynydd Caepenfras.

[156] MCTSMWA (1927) 'Llangadfan Chair Eisteddfod', *The Montgomeryshire County Times and Shropshire and Mid Wales Advertiser*, 8fed Ionawr, 1927.

[157] Davies, N. (1982) 'Difyr yw bod...efo'r Beirdd', *Plu'r Gweunydd*, Tachwedd 1982.

[158] Y Parch. W. O. Thomas yn gweinyddu'r briodas yng Nghapel Horeb, Croesoswallt.

[159] Di – Lady Diana Spencer.

[160] *Online Etymology Dictionary*: https://www.etymonline.com/word/bard, cyrchwyd ar 22ain Tachwedd, 2022.

Galarganu

Fe luniodd Blodwen Evans (Blodwen Morris) (1914–2014) – sef wyres i Hugh Ellis – ei cherdd gyntaf yn ei phumdegau ar ôl marwolaeth ei mab, Dafydd Cadwaladr Evans yn 14 mlwydd oed, ar ôl salwch hir a chreulon.

LLINELLAU COF: DAFYDD CADWALADR EVANS

Dydd olaf o Ionawr, fe gofiwn y dydd
Ffarwelio â Dafydd â'n calonnau yn brudd,
Hiraethwn amdano, y golled sydd fawr,
Buase yn dair ar hugain yn awr.
"Fy mab, O! fy mab" llefa ei dad
Fel am Absolom gynt, mae dwys alarhad.
Byth ni anghofiwn a byddwn yn drist,
Ond cariwn y groes, drwy nerth Iesu Grist.

Blodwen Evans, Llwydcoed, Llangadfan

Bu Blodwen Evans yn fardd cynhyrchiol ac yn gystadleuydd cyson mewn llu o eisteddfodau, ond fe ddechreuodd farddoni yn weddol hwyr yn ei bywyd, ar ôl colli ei mab. Gall ysgrifennu creadigol a barddoni bod yn gyfrwng therapiwtig i ymdrin â galar ac mae profiad galarus yn gallu bod yn ysgogiad i farddoni fel yn achos Blodwen Evans. Gwelwn enghreifftiau o awenau cyffelyb ym marddoniaeth Hugh Ellis, lle bo emosiynau dwfn wedi ei ysgogi i gyfansoddi ei alarganau gorau.

Mae englynion beddargraff a galarganau yn gallu creu darlun o drigolion ardal o fewn hanes, tra'u bod yn disgrifio'r teimlad o alar a phrofedigaeth. Yn yr amser hwnnw, byddai disgwyliad ar brydyddion i gyflawni rôl bwysig o fewn cymdeithas trwy rannu galar gan leddfu'r boen.

BEDDARGRAFF MR EDWARD ROGERS
GYNT O BWLCHGOLAU, DOLANOG

Edward yn gryf ei hyder – adawodd
  Â daear y blinder;
 Croesodd draw yn nwylau Nêr
 I barchus fyd ddibryder.

Roedd cofiant i Ellis Jones Morris, Moeldrehaearn yn y *Faner* yn 1915 yn amlygu'r golled fawr i'r gymdeithas leol:

Dydd Mercher, y 27ain cynfisol, bu farw un arall o'r hen ardalwyr, ... ac efe yn 74ain mlwydd oed. Bu farw yn dra disymwth, er nad oedd yn gryf ei iechyd er's amser. Yr oedd yn ddyn o angyffredin cryf, yn dreiddgar ei sylwadaeth, ac yn ddarllenwr eang. Darllenai y 'Faner' yn gyson er's blynyddoedd meithion a mawr oedd ei ddisgwyliad am ei weled bob wythnos. Yr oedd yn aelod ac yn flaenor gyda'r Wesleyaid yn Saron. Cymmerai ran amlwg yn amgylchiadau crefyddol a gwladol ei ardal, ac yr oedd ei bwyll a'i fedrusrwydd yn hawlio gwrandawiad. [161]

Ellis Jones Morris, Moeldrehaearn
(1840–1915)

Roedd Anne Ellis, Berthfawr yn gyfnither i Ellis Jones Morris, Moeldrehaearn ac roedd gan deulu'r Berth feddwl mawr ohono. Roedd y teimladau o gynefindra, agosatrwydd, edmygaeth a galaru teuluol yn cael eu hamlygu yn y farwnad isod.

EJ MORRIS MOELDREHAEARN

Chwith yw colli hen gyfeillion
Wedi cymdeithasu cyd,
Chwith yw gweled angau creulon
Yn braenaru cartref clyd.
Cwympo wna heb un gwahaniaeth
Y cyfoethog a'r tylawd
Nis gall medr, na dysgeidiaeth
Ddofi gronyn ar ei rawd.

Cwympwyd, do ar fyr rybudd
Ellis Morris gyfaill mad,
Gŵr edrychwn arno beunydd
Fel arweinydd yn ei wlad.
Trist yw meddwl na chawn mwyach
Yn yr anial weld ei wedd,
Aeth i fyw i wlad amgenach
Gwlad na chloddir ynddi fedd.

Amddifadwyd ni o wron
Oedd yn meddu meddwl clir.
Saif ei fynych ymadroddion
Heddiw'n ddiarhebion gwir.
Pwysai bopeth yn synhwyrol
Pwyllog ydoedd yn ei farn,
Meddai dalent diamheuol
Egwyddorol hyd y carn.

Drwy ei oes y bu i'w deulu
Yn ddarbodus ffyddlon dad,
Dygodd ar ŵyl dydd ei gladdu
Iddynt oll rhyw ddwfn dristâd.
Cadair wag sydd yn y gornel,
Teimlir bwlch am hir, wrth gwrs,
Ni ddaw ef o fro yr angel
I'n diddanu â'i ysgwrs.

Gwagle mawr yn Eglwys Saron
Ar ei ôl yn amlwg sydd
Athraw da a blaenor ffyddlon
A fu ef i deulu'r ffydd.
Ysgrythurwr goleuedig
Ydoedd ef does neb ei wad,
Yn y perl ysbrydoledig
Dysgodd feddwl am ei dad.

Ffarwel iti frawd amryddawn,
Annwyl imi fan dy fedd,
Ond yr enaid ar ei union
Hedodd fry i wlad yr hedd.
Tua'r orsedd wenfawr yma
Mi gyfodaf finnau lef,
Os na chawn gyfarfod yma,
Cawn gyfarfod yn y Nef.

Gosodwyd John Watkins, Tynymaes i orwedd ym Mynwent Gyhoeddus Llanfihangel-yng-Ngwynfa yn dilyn ei farwolaeth ar y 31ain Gorffennaf 1906, yn bur ifanc yn hanner cant mlwydd oed, oherwydd damwain angheuol. Yn perthyn i deulu diwylliedig, roedd yn cyfrannu'n grefyddol ac yn ddiwylliannol, ac mae'r farwnad yn adlewyrchu'r golled deuluol a chymdeithasol yn ddirdynnol.

CERDD GOFFA I JOHN WATKINS, TYNYMAES, LLANFIHANGEL

Ffyrdd ein Duw sydd yn y moroedd,
Llwybrau'r Iôr sydd gudd i mi,
Nis gall ddynion dan y nefoedd
Ddeall dy gynlluniau di;
Anhawdd yw esbonio'r bennod
Gafwyd drwy y ddamwain hon,
Collwyd brawd, yn dad, a phriod
Hoff o'n plith ym mherson John.

Tyrd i Dy'nymaes fy awen
I fyfyrio'r rhyfedd ddeddf,
Cofia drwsio'th dyner aden,
Tyred yn y cywair lleddf.
Gwraig, a phlant geir yma'n wylo
Am un annwyl ger eu bron;
Gwn nas galla byth ddarlunio
Bcth yw maint y golled hon.

Beth pe baem yn dechrau holi
Ple'r mae'r fraich gynhaliol fu?
Ple mae'r tad fu'n ddiwyd weini
Er mwyn budd y teulu cu?
Ple'r mae'r cyfaill siriol, mwynaidd
A'm cyfarchai'n llon ei wedd?
Gyda'r gofid mwyaf pruddaidd
Rhaid dywedyd yn y bedd.

Ceir y cefn fu dan y pwysau
Erbyn hyn yn llwch y llawr,
Gorffwys mae yr amgylchiadau
Ar ysgwyddau'r teulu'n awr.
Mawr [   ]
Ar y daith, trom golled yw
Hyfryd credo er yr anffawd
Fod yr Arglwydd wrth y llyw.

Discord sydd yn llenwi'r annedd
Ar y chwith, ac ar y dde,
Collwyd rhywfodd y gynghanedd
Fyddai yn melodi'r lle.
Cadair wag sydd yn y gornel
Ar ei glin ni welir John,
Hedfan wnaeth ar edyn angel
Fry i sicrach sedd na hon.

Ni chawn weld ôl ei fysedd
Yn y Beibl ar y bwrdd;
Heddiw mae yn llawn gorfoledd
Yn y nef yn cadw cwrdd.
Gweld y Person a'i ryfeddu
Mae heb ofid poen na gwae,
Bellach caiff dragwyddol syllu
Ar yr Iesu fel y mae.

Awn am ennyd i Moria,
Teml fechan garai ef,
Cafodd nerth, a chymorth yma
I adnabod llwybrau'r nef.
Tystio mae y gruddiau lleithion
O'r pen pellaf i'r sêt fawr
Fod un annwyl gan eu calon
Wedi cael ei dorri lawr.

Gwagle deimlir yn y moddion
Am y gŵr fu'n lliwio'r gân
Canu mae yn fwy hyfrydlon
Heddiw yng Nghaersalem lân.
Chwith yw hefyd golli'r weddi
Ffyddiog ac offrymau'n wir,
Bydd ei enw'n perarogli
Drwy y cylch am amser hir.

Roedd Hugh Ellis yn dyst i hanes bywyd yr ymadawedig ac yn cynnal y traddodiad prydyddol Cymreig o lunio galarnadau coffadwriaethol, ac fe deimlwn ei alar a'i golled.

---

[161] BAC (1915) 'Marwolaethau, Dolanog', *Baner ac Amserau Cymru*, 6ed Chwefror 1915.

Gwleidyddiaeth a Chymreictod

Cyhoeddwyd pum englyn o'r enw 'Gladstone' yn perthyn i gylch barddol Dolanog yn *Y Werin* yn 1890. William Ewart Gladstone oedd Prif Weinidog Rhyddfrydol Prydain yn 1868–1874, 1880–1885, 1886 a 1892–1894 ac roedd yn enwog fel areithiwr fel yr amlygir yn yr englynion isod. Fel y disgwyl, roedd Gladstone yn cael ei ystyried yn ffafriol iawn yn yr englynion hyn, pan oedd Rhyddfrydiaeth ar ei hanterth yng Nghymru.

Derbyniodd rhai o denantiaid stad Wynnstay erledigaeth a cholli tenantiaeth eu ffermydd am bleidleisio i'r Rhyddfrydwyr yn y cyfnod cyn Deddf Pleidleisio 1872 a'r etholiad cyfrinachol cyntaf yn 1874. Felly, cwestiynir beth fuasai ymateb y landlord a'r ceidwadwr, Syr Herbert Lloyd Watkin-Wynn pe buasai'n gwybod fod mab i un o'i denantiaid amlycaf yn clodfori un o'i archelynion gwleidyddol!

GLADSTONE [162]

Ŵr goleu, pur o galon – a llywydd
    Galluog yw Gladstone;
  A nerth ei gref araith gron
  Gloa enau'r gelynion.

Richard Lewis, Cyffin Fawr

Gwron ei ddydd, gwladgarwr yw Gladstone
    A thirion ddoeth arwr;
  Hywadledd arch Seneddwr,
  Yn wir, gawn o enau'r gŵr.

John H. Roberts, Penisarcyffin

Anwylir y gŵr hylon – gemwr hael
    Digymhar yw Gladstone;
  Dyngarwr gwir dan goron,
  A llywiwr oes yn llaw'r Ion.

Edward Williams, Y Glyn

Trwyadl feistr hywadledd – yw Gladstone
  Fin gwron hygarwedd;
'E dania gwlad pan dyna gledd
Ar chwyl ei arucheledd.

Robert Gittins

Taerwych Seneddwr tirion – o rodiad
  Rhyddfrydwr, yw Gladstone;
A'i dreiddiwal ymadroddion
A hir saif wedi'r oes hon.

Hugh Ellis

Cafwyd newid seismig ym etholaeth Maldwyn yn 1880, pan gollodd y teulu bonheddig Williams-Wynne eu dylanwad gwleidyddol ar ôl i Stuart Rendell yr ymgeisydd Rhyddfrydol ennill y sedd. Mewn cyfarfod Rhyddfrydol yng Nghapel Saron yn 1894 yn dilyn ymddeoliad Stuart Rendell fe gynigodd Hugh Ellis:

Bod y cyfarfod hwn o etholwyr Gwaenynog a'i gymdogaeth yn ddiolchgar i Mr Rendell am ei wasanaeth gwerthfawr yn ystod y pedair blynedd ar ddeg diwethaf a'n bod yn addo ein hunain i wneud popeth sydd yn ein gallu i ddychwelyd Mr Humphreys-Owen i'r Senedd gyda mwyafrif mawr. [163]

Daeth y Barwn David Davies, Llandinam yn Aelod Seneddol Rhyddryfydol yn 1906 a pharhau fel cynrychiolydd dros Faldwyn tan 1929.

Hawliodd Ithel Davies yn ei hunangofiant *Bwrlwm Byw* fod ei daid, Humphrey Ellis, Caepenfras yn gefnder i Thomas Edward Ellis (Tom Ellis), Cynlas, sef disgynnydd i Ellisiaid Tycerrig, Llangywer, Y Bala. [164] Etholwyd Tom Ellis neu T. E. Ellis yn Aelod Seneddol Rhyddfrydol Sir Feirionnydd yn 1886, gan chwarae rhan flaenllaw gyda David Lloyd George yn y mudiad Cymru Fydd, a sefydlwyd i bwyso am ymreolaeth i Gymru. Penodwyd ef yn Brif Chwip y Blaid Ryddfrydol yn 1894, cyn marw yn ddyn ifanc yn 1899. Nid oes cysylltiad achyddol trwy'r cyfenw Ellis, rhwng teulu Caerdefaid,

Llanfachreth a theulu Tycerrig, Llangywer; er hynny, roedd y cysylltiad achyddol yn destun sgwrs reolaidd ymysg aelodau'r teulu, ac mi roeddynt yr amser hynny yn eitha' siŵr o'u hachau. Nid oes englyn i Tom Ellis yn y *Llyfryn Du*; er hynny, mae'n anodd credu, na luniodd Hugh Ellis gerdd neu englyn i'w arwr gwleidyddol.

Er y symudiad tuag at Ryddfrydiaeth, roedd gan y prydydd ddiddordeb mewn ideolegau gwleidyddol eraill, a derbyniodd ei englyn 'Sosialaeth' sylw beirniadol gan Thomas James (Iago Erfyl) yn ei golofn yn y *Montgomeryshire Express* yn 1920:

Testyn yr englyn yn yr Eisteddfod hon ydoedd 'Sosialaeth' a rhannwyd y wobr rhwng Mr Gittins Dolanog a Mr Ellis y Berthfawr. Argoel dda o ddyfodol Sosialaeth yw fod Pwyllgorau Eisteddfodol yn rhoi lle i'r pwnc yn eu rhaglenni. Hwyrach y ceir pwyllgor digon o 'go ahead' yn y man i gynyg cadair am awdl ar y testyn hwn. Argoel rhagori arall yw fod y beirdd yn canmol Sosialaeth yn hytrach na'i melltithio yn ôl arfer rhai llenorion. Ni fuasem yn dymuno gwell diffiniad o Sosialaeth nag a geir yn nwy linell olaf englyn Mr Gittins

> Hawlio wna gwir Sosialaeth – oreu dyn
> Cara deml dynoliaeth:
> O hanfod Duw hefyd daeth
> Yn deilwng nef frawdoliaeth.

Yn ei ddwy linell gyntaf y mae Mr Ellis fel pe yn meddu ar weledigaeth eglur mewn perthynas i Sosialaeth, ond acth i'r niwl yn de yn y ddwy olaf:

> I fawrion y ddeddfwriaeth – a'u golud [165]
> Gelyn yw Sosialaeth:
> Rhwym i'w sêl, ond grymus aeth
> Ei safon yn Bolsefiaeth.

Y mae Bolsefiaeth yn y cysylltiad hwn yn sawru o 'Bwgan Bolol'. [166]

Er ei bod hi'n ddyddiau cynnar i'r Chwyldro yn Rwsia, yn wahanol i Hugh Ellis, teimlai Iago Erfyl fod Bolsieficiaeth wedi dod i rym trwy ddinistr a gwaith y Diafol. Mi roedd Iago Erfyl yn Geidwadwr pybyr ar un cyfnod, ond daeth yn Sosialydd brwd yn ystod cyfnod y Rhyfel Byd Cyntaf gan hefyd godi ei lais dros hawliau gweision ffermydd. [167] Roedd Iago Erfyl, sef Rheithor Llanerfyl, wedi cynnal traddodiad yr 'Hen Bersoniaid Llengar' ac fe hoffai hefyd dynnu coes, yn aml trwy gyfrwng ei golofnau Cymraeg yn y *County Times* a'r *Montgomeryshire Express*. [168] Fe welir fan hyn elfen o'r procio a chellweirio yn ôl y traddodiad chwareus lleol!

Roedd Ithel Davies, sef mab ei chwaer, yn Sosialydd brwd, ac fe safodd yn aflwyddiannus dros y Blaid Llafur yn sedd Prifysgol Cymru yn etholiad cyffredinol y Deyrnas Unedig 1935. Erbyn hyn roedd y Blaid lafur wedi cymryd lle'r Blaid Ryddfrydol i ddod yn brif wrthblaid i'r Blaid Geidwadol. Roedd Ithel Davies yn ystod y cyfnod hyn yn ystyried Plaid Cymru fel cymdeithas ddiwylliannol yn hytrach na phlaid wleidyddol; er hynny, fe ymunodd â Phlaid Cymru yn 1942. [169] Ym Medi 1949, roedd Ithel Davies yn un o sylfaenwyr Mudiad Gweriniaethol Cymru, o ganlyniad i hollt yng nghynhadledd Plaid Cymru'r flwyddyn honno, cyn sefyll yn ddiweddarach fel gweriniaethwr Cymreig ar gyfer sedd Ogwr yn etholiad cyffredinol 1950.

Ysgrifennwyd y gerdd 'Trysorfa'r Plant' oddeutu 1912 wrth ddathlu pen-blwydd *Trysorfa'r Plant* yn hanner cant mlwydd oed. Roedd *Trysorfa'r Plant* yn cael ei ddarllen yn fisol gan blant a phobl Cymru ac ar aelwyd y Berthfawr. Hwn oedd y cyfnodolyn mwyaf poblogaidd yn yr iaith Gymraeg ar un cyfnod, yn codi llais dros Anghydffurfiaeth gan gynnal ymwybyddiaeth o Gymreictod.

TRYSORFA'R PLANT

Mae dail y Drysorfa mor ddifyr ag erioed,
Er bod hi rhan dyddiau yn hanner cant oed,
Gwir enwog fisolyn, rhesymol ei bris,
Ni cheisir am dani ond ceiniog y mis.

Y prif fardd Anthropos, gŵr hawddgar a llon
Etholwyd eleni'n olygydd i hon,
Ni gawsom yn barod gyflawnder o sail
Fod awdur profiadol yn trefnu ei dail.

Ni gawn ym mhob rhifyn ddarluniau o fri,
Ceir weithiau lun ceffyl, pryd arall lun ci,
A hefyd ddarluniau o arwyr tra mad
Sy'n llywio gwleidyddiaeth a chrefydd ein gwlad.

Er mwyn y cantorion ceir aml i dôn
Gan enwog gerddorion o Fynwy i Fôn;
Gwneir ymdrech am bopeth i fod at y dant
I lonni calonnau hynafwyr a phlant.

Mae ynddo hanesion difyrrus a llon
Ac aml i damaid ogleisia ein bron;
Bu ambell i adran o'i chynnwys cyn hyn
Yn toddi fy nghalon a'm llygaid yn llyn.

Bob mis gwna ymweliad yn ffyddlon a llon
A phlant hoff Gymru sy'n byw dros y don;
Mae'n dal i gyhoeddi ym mhellder y byd
Fod Duw yn eu caru yn ffyddlon o hyd.

Hawddamor it, meddaf, genhades o fri,
Wyt annwyl gan filoedd o'n cenedl ni;
Ti sefi yn wrol dros grefydd a moes,
Yn uchel myn chwifio hardd Faner y Groes.

Roedd gan Hugh Ellis ymwybyddiaeth o gewri hanesyddol y genedl, megis John Penry (1563–1593), Cefn y Brith, Llangamarch, a 'difyr iawn oedd ei atgofion am enwogion ei ddydd, yn bregethwyr, beirdd, cantorion a gwleidyddwyr.' [170] Yn 1587 cyhoeddodd John Penry 'A Treatise containing the Aequity of an Humble Supplication' yn gofyn am bregethu yn Gymraeg o fewn yr Eglwys, gan ddynion o gymeriad da. [171] Roedd gan Penry farn hynod beryglus yn y cyfnod cythryblus hwn, o ystyried y bygythiadau o Sbaen, y Catholigion a'r Piwritaniaid, ac oherwydd hynny, cafodd ei ddienyddio gan y wladwriaeth. Gwelir yn y gerdd ddisgrifiad linell amser o fywyd John Penri a'i ddylanwad cynnar yn hybu Anghydffurfiaeth Gymreig yng nghyd-destun ymwybyddiaeth o hunaniaeth Gymreig.

JOHN PENRI

Un o ddewrion lu'r Merthyri,
Cymro pur o'n cenedl ni.
Er ei farw, enw Penri
Sy'n parhau ar lechres bri;
Tra Cefn-Brith ym mro Brycheiniog,
Tra bo haul a sêr y nef,
Anghydffurfwyr Cymru enwog
Fu'n anwylo'i enw ef.

Hwn oedd Abel cynta'r Cymry,
Annibynnwr mawr ei ffydd,
Ar y ddaear heuodd Penri
Egwyddorion crefydd rydd.
Dal wna'r had i bur ffrwythloni
Drwy yr oesau yn y tir,
Gobaith sydd am ddydd cawn fedi
Y cynhaeaf cyn bo hir.

Codi wnaeth y puraf wron
Yn dra enwog ysgolhaig;
Ond er hyn i'w egwyddorion
Safai'n gadarn fel y graig,
Ni wnâi grym yr erledigaeth
Chwerw, ddigllawn oedd ar led,
Na bygythion llym marwolaeth
Syflyd gronyn ar ei gred.

Dros grefydd bur bu'n brwydro
Er mor enbyd oedd y gwaith,
Mawr ei awydd am i'r Cymro
Gael addoli yn ei iaith.
Tynnodd wg, a llid brenhines
Oedd ar orsedd Prydain fawr,
Holl esgobion creulon gormes
Ceisiant gael ei ben i lawr.

Dianc wnaeth rhag ei elynion
Tua'r Alban ar ei ffo;
Ond er galar caed y Cristion
Yn y carchar o dan glo;
Pan ar fin ei ddienyddiad
Fel cyflwyniad olaf serch
Gyrrodd Feibl o wir gariad
At ei wraig a'i bedair merch.

Ond rhyw ddydd ar fin y Dafwys
Cafodd brofi marwol loes.
Aeth ei enaid i Baradwys
"Fry at Dduw yr hwn a'i rhoes".
Do, merthyrodd llu'r afradlon
Un o'r Cymry goreu rioed,
Aeth i'r lladdfa fel yr Iesu'n
Dair ar ddeg ar hugain oed.

Roedd y cofiant am Hugh Ellis yn y *County Times* yn datgan mai
'Cymro ydoedd o natur ac anian a mawr oedd ei gariad at ei genedl
yn ei phethau gorau.' [172]

[162] YW (1980) 'Gladstone', *Y Werin*, 5ed Ebrill 1890.

[163] MCTSMWA (1894) 'Dolanog', *The Montgomeryshire County Times and Shropshire and Mid Wales Advertiser*, 24ain Mawrth 1894.

[164] Davies, I. (1984) Bwrlwm Byw, Gwasg Gomer.

[165] Golud – cyfoeth.

[166] MERT (1920) 'Sosialaeth', *The Montgomeryshire Express and Radnor Times*, 13eg Ebrill 1920.

[167] *Y Bywgraffiadur Cymreig hyd 1940* (1953), William Lewis (Argraffwyr) – 'JAMES, Thomas Davies (Iago Erfyl) (1862–1927), offeiriad, pregethwr a darlithydd poblogaidd iawn.'

[168] Roberts, E. P. (2022) *Ysgrifau ar Lên a Hanes Powys*, Gwasg y Bwythyn.

[169] Davies, I. (1984) *Bwrlwm Byw*, Gwasg Gomer.

[170] MCTSMWA (1952) 'Farmer Poet and Artist, Death at Dolanog of Mr. Hugh Ellis', *The Montgomeryshire County Times and Shropshire and Mid Wales Advertiser*, 16eg Chwefror 1952.

[171] *Y Bywgraffiadur Cymreig hyd 1940* (1953) William Lewis (Argraffwyr) – 'PENRY, John (1563–1593), awdur Piwritanaidd.'

[172] MCTSMWA (1952) 'Farmer Poet and Artist, Death at Dolanog of Mr. Hugh Ellis', *The Montgomeryshire County Times and Shropshire and Mid Wales Advertiser*, 16eg Chwefror 1952.

Prydydd Rhyfel

Ar ddechrau'r Rhyfel Byd Cyntaf yn Awst 1914, fe addawodd Ymerawdwr yr Almaen (Y Caisar), Wilhelm II (1859–1941), y byddai'r milwyr yn dychwelyd adref cyn i ddail yr Hydref ddisgyn. Dyma'n union oedd y neges ym Mhrydain ac yng Nghymru; roedd pawb yn wladgarol, yn frwd am antur ac yn sicr o fuddugoliaeth fuan. Er mwyn hyrwyddo recriwtio ar ddechrau'r rhyfel, bu ymdrech ym Mhrydain i ddenu gwirfoddolwyr i'r lluoedd arfog drwy bropaganda. Dywed John Davies fod y propaganda Cymreig yn pwysleisio 'wrhydri milwrol y Cymry, ac awgrymwyd mai ailgydio yn nhraddodiad Llywelyn a Glyndŵr a wnâi'r gwirfoddolwyr.' [173]

Yn Hydref 1914, gwahoddodd y *Faner* brydyddion Cymru i gystadlu ar lunio 'Recruiting Song' ar alawon 'Gwŷr Harlech' a 'Hen Wlad fy Nhadau':

> Y mae yn blino calon Miss Gee glywed milwyr Cymraeg a bechgyn Cymru, ac eraill yn canu 'It's a long way to Tipperary,' a rhai cyffelyb, tra y mae gennym ni fel cenedl liaws mawr o alawon milwrol a gwladgarol mor ardderchog, fel 'Rhyfelgyrch Gŵyr Harlech', 'Hen Wlad fy Nhadau', a chan ei bod yn tybio mai y rheswm am hyn yw diffyg geiriau cyfaddas ac amserol i'r argyfwng presennol yn hanes ein gwlad... Disgwylir i'r penillion fod yn gyfaddas i'r amser presennol, ac yn rhai y gellir hawdd eu dysgu, a 'chodi hwyl' drwyddynt – digon syml, mewn gair, fel y gall plant eu dysgu a'u canu yn rhwydd a naturiol. [174]

Cafodd Hugh Ellis ei ddenu i gystadlu a daeth i'r brig o dan yr enw 'Byner o Ddyffryn Banwy'.

PENILLION GWLADGAROL

Mae Môn, a Mynwy yn unol eu llais,
Yn bloeddio i lawr elo gormes, a thrais:
Mae hen wlad Llywelyn drwy gyfrwng y cledd,
Yn hawlio cyfiawnder, a hedd.

Cytgan:
Gwlad, gwlad, brwydrwn dros ein gwlad,
Awn oll i'r gad yn null un gŵr,
Heb ofnau, hyd gamrau Glyndŵr.

Dewrion feibion Gwalia enwog,
Awn i'r gad yn llu banerog,
Codwn, mynwn arfau miniog
    Gymry gwlad y gân;
Rhoddwn floedd yn Nyffryn Banwy,
Seiniwn gyrn hyd Glwyd, a Chonwy,
Chwifiwn gledd o Fôn i Fynwy,
    Awn trwy ddŵr, a thân;

Erfyl, a Chaernarfon,
Gwalia o un galon,
Awn yn hy', yn wrol lu
    Yn erbyn brad gelynion;
Mynnwn sarnu trais a gormes,
Mynnwn heddwch i bob mynwes,
Mynnwn enw, mynnwn hanes
    Feibion Cymru lân.

BYNER o DDYFFRYN BANWY

Cyfeiriodd y feirniadaeth am y disgwyl i'r caneuon ennill 'brwdfrydedd a rhamant wladgar' cenedlaethol Gymreig, ac roedd Hugh Ellis yn driw i'w rôl fel prydydd ei filltir sgwâr trwy gyfeirio at recriwtio'n lleol yn Nyffryn Banwy. [176] Roedd y prydydd wedi cael ei sugno i mewn i gynnwrf a rhamant y rhyfel fel pawb arall gan gyfeirio at arwyr cenedlaethol Cymreig fel Llywelyn a Glyndŵr. Dyma gyfnod jingoistaidd gyda phropaganda grymus yn cael dylanwad aruthrol ar fwyafrif y boblogaeth. Fe recriwtiwyd mwy o Gymry yn ganrannol nag o Saeson, ac fe chwaraeodd rhai capeli a rhai Anghydffurfwyr dylanwadol ran bwysig wrth gefnogi David Lloyd George, y Prif Weinidog, i ddenu gwŷr Cymru i faes y gad.

Yn ddiweddarach, daeth yn fuddugol yng Nghylch Llenyddol Llawr y Cwm yn 1914 ar benillion 'Y Territorials'. Cyflwynodd Robert Gittins y feirniadaeth gan ddweud:

MALDWYNWR – Cân ragorol gan fardd profedig, ni dybiwn. Yr unig feirniadaeth ar hon fydd, 'Darllener hi, a gwobrwyer ei hawdwr, pwy bynnag ydyw'. [177]

Roedd y gerdd 'Y Territorials' eto yn rhoi pwyslais ar anogi recriwtio lleol ar ddechrau'r rhyfel a chael gwŷr ifanc i wirfoddoli.

Y TERRITORIALS

Y Territorials dewrion sydd
Yn filwyr dan y Goron,
Eu prif arwyddair hwy bob dydd
Yw dofi llid gelynion;
Aberthant aelwyd mam a thad
Er uno gyda'r fyddin,
Yn ufudd ânt i faes y gad
Er budd eu gwlad a'u Brenin.

Mae dewrion feibion Maldwyn fawr
Yn dorf ym mysg y lluoedd,
Ymrestru wnânt o awr i awr
I nerthu y byddinoedd;
Tra saif y Wyddfa ar ei sedd,
Tra'r moroedd yn trochioni,
Bydd enwau rhain, er myn'd i'r bedd,
Yn hyfryd berarogli.

Anfonir hwy o bryd i bryd
I wylio cylch y glannau,
Er rhwystro'r Caisar cas ei fryd
Ddinystrio ein buddiannau,
Ânt dros y don i chwifio'r cledd
Ar faes y dwys wylofain,
Er mwyn i ni gael perffaith hedd
O fewn i Ynys Prydain.

Mae rhain yn tystio ar eu llŵ
Fod ffawd ar dorri allan,
Gorfodir Gwilym, ebe nhw,
'Fyn'd ffwrdd o Ffrainc a Belgian;
'D oes angen aros nemawr hwy,
Bydd llanciau plwy' Llanfyllin
Yn hwylio traed y Caisar brwnt
Ym mhell tu hwnt i Berlin.

MALDWYNWR

Yn y dyddiau cynnar hyn, gwelir elfen ryfygus a digrif yn gorgyffwrdd fel yr adlewyrchir yn ei englynion rhyfel. Dangosodd, fel prydydd y cyfnod, ddiddordeb anghynnes yng ngallu dinistriol y tanc i ladd a chodi arswyd. Roedd y tanc yn un o ddatblygiadau technolegol trawsnewidiol y rhyfel mawr ac yn symbol eiconig o ryfela a nerth milwrol, ac wedi dal dychymyg llawer o bobl.

TANK

For fighting spouting spitter – is a tank,
And a stern Hun killer;
In battle nothing better,
Fire away now for war.

Daeth 'Y Caisar' yn fuddugol mewn cyfarfod cystadleuol yng Nghapel Sardis Llanwddyn ar noswyl Nadolig 1915, gan ddefnyddio'r llinell agoriadol 'Wil wit-wat hoff o fatel'. [178] Pan gyflwynodd yr englyn i'r *County Times* yn 1939 roedd yn fwy dilornus ei natur; roedd y diwygiad i 'chwit-chwat' yn rhoi fwy o effaith yn y gynghanedd trwy amlygu natur anwadal y Caisar. [179]

Y CAISAR

Wil chwit-chwat hoff o fatel, – Wil y gwarth,
    Wil y gwn a'r fagnel;
    Wil reibus, a Wil rebel,
    Wil y rôg, i'r wal yr êl.

Yn Ionawr 1915, ar ôl i ddail yr Hydref ddisgyn, cyhoeddwyd englyn buddugol Cyfarfod Llenyddol Llawr y Cwm o dan y ffugenw Harri Myllin gyda'r feirniadaeth ganlynol gan Robert Gittins:

Dyma englyn penigamp, ac amlwg yw bod yr awdwr yn hen law ar y gelfyddyd. Credaf na allasai yr 'hen Harri Myllin,' y mae rhyw nifer fechan o hynafiaid yn ei gofio, ragori arno. Annisgwyliadwy i mi oedd cael englyn o fath hwn mewn cystadleuaeth leol. Ond, 'Ym mhob dim, diolchwch' yw yr Ysgrythyr. Gwobrwyer 'Harri'. [180]

Y BELGIANS

Anffodus deulu'r ffwdan – yw gwerin
    Deyrngarol bro'r Belgian;
    Ow! eu gofid, gwlad gyfan,
    Gyda thwrf losgwyd â thân.

Un o'r rhesymau pam fod Cymry Cymraeg mor barod i ryfela oedd y syniad o amddiffyn Gwlad Belg, gwlad fechan arall fel Cymru. Tybir fod y defnydd o'r gair 'gwerin' yn yr englyn yn awgrymu dwy wlad fechan yn sefyll law-yn-llaw yn erbyn gwlad fawr. Defnyddiwyd y cam-driniaeth derbyniodd Gwlad Belg yn helaeth fel cyfiawnhad am ryfel o fewn negeseuon propaganda'r cyfnod. Er bod David Lloyd George yn gyndyn i ymuno yn y dyddiau cynnar, fe newidiodd ei feddwl pan ymosododd yr Almaen ar Wlad Belg. Erbyn hyn roedd y gobaith am ryfel byr yn dechrau diflannu wrth iddo olrhain hanes llosgi tref Louvain, Gwlad Belg dros bum niwrnod ym mis agoriadol y rhyfel yn Awst 1914.

Yn 1915, enillodd ar gerdd i'r 'Milwr Clwyfedig', sydd yn dystiolaeth o fyfyrdod diweddarach gan y beirdd am erchyllterau rhyfel, ond nid yw'r gerdd hon wedi goroesi. [181] Hwn oedd y rhyfel cyntaf lle'r oedd y werin yn gwybod am y datblygiadau yn ddyddiol, oherwydd roedd y 'Pellebr Diwifrau' (Electrical Telegraph) yn anfon diweddariadau am erchyllterau'r rhyfel yn uniongyrchol ac yn gyflym o'r ffosydd i'r papurau newydd.

PELLEBR DIWIFRAU

Ebrwys iarll y pellebrau – byw weinydd
   Buanaf yr oesau;
  Draws y byd, hwn dros y bau
  Wysir i wneud negesau.

Ym mis Ionawr 1916 pasiwyd y Ddeddf Gwasanaeth Milwrol er mwyn gorfodi consgripsiwn ar bob dyn sengl rhwng 18 a 41 oed, ond yn eithrio'r rhai nad oeddent yn ffit yn feddygol.

Fe ymatebodd mab ei chwaer, sef Ithel Davies (1894–1989), Glanyr-afon, Cwmtafolog, trwy anfon llythyr i'r *Faner* o dan y penawd 'Rhagolygon Rhyfel':

> Cydnebydd pawb mai hon ydyw'r rhyfel fwyaf ymhob ystyr y bu raid i ni ei hwynebu erioed. A gofynnir y cwestiwn yn aml – A ddaw ei thebyg i ysgubo tros wareiddiad Ewrop megis rhyw ddylif andwyol? ... Nid y werin sy'n gyfrifol am y rhyfel, eithr y mawrion. Nid y mawrion sy'n dioddef ei herchyllterau, eithr y werin! ...Y gwir ydyw, nid oes gyfiawnder ynddi... Ceisia Llywodraeth Prydain Fawr wthio gorfodaeth ar y werin...Yr wyf fi mewn oedran milwrol, ond ni wel neb

Ithel Davies (1894–1989)

mohonof yn cymeryd rhan yn yr annuwioldeb, hwn beth bynnag. Hyn a ŵn, y byddaf yn ddyn rhydd yn un o ddau fyd! O Gymru! Allan i frwydr rhyddid, nid ag arf, ond â chariad! Dyma gyfle aur y werin. CARIAD Mallwyd. ITHEL DAVIES.' [182]

Daeth Ithel Davies yn wrthwynebydd cydwybodol a dangos dewrder yn ystod cyfnod gwawd y bluen wen. Gorfu iddo fynd i garchardai milwrol gan dderbyn driniaeth greulon iawn ynddynt. Cafodd Ithel Davies ei ddisgrifio fel '[a] very serious, thoughtful young man, "a poet and an idealist," and he believed he was prepared to suffer anything for his religious convictions.' [183] Mewn llythyr dyddiedig yr 8fed Mehefin 1916 a anfonodd o Wersyll y Fyddin, Park Hall, Croesoswallt rhoddodd disgrifiad o'r driniaeth erchyll:

Fe'm dygwyd allan drachefn y trydydd dydd i geisio gennyf wneud rhyw waith; ac a mi'n gwrthod. Daeth un o'r swyddogion yn angerdd ei lid gan fy nyrnodio'n ddidrugaredd, a thrawodd fi yn fy wyneb nes torrodd asgwrn fy nhrwyn, a bu'n gwaedu am oriau; a phan yn y cyflwr hwn ceisiwyd gennyf ddrilio ar ben fy hun gydag un o'r sergeants drwy ddyrnodiau a phob modd digon cywilyddus, eithr pan wrthodais fe'm dygwyd a chlowyd arnaf yn fy nghell unig. Duw o'i fawr gariad a'i drugaredd a'm cadwo rhag profiad cyffelyb i'r un a gefais. [184]

Bu Ithel Davies mewn caethiwed o Ebrill 1916 tan Ebrill 1919. [185] Yn ystod y cyfnod yng ngharchar fe gynhaliodd ei hun trwy fod yn llythyrwr toreithiog gyda'i deulu a'i ffrindiau a gyda heddychwyr amlwg yng Nghymru a Lloegr, megis Walter Ayles a Fenner Brockway. [186] Roedd yr amodau yn anodd yn y carchar ac mewn llythyr at ei rieni a'i frawd ar 14eg Tachwedd 1916 fe anfonodd ddau bennill iddynt yn dyheu am ryddid. [187]

> Daw dydd,
> Y byddwn eto oll yn rhydd, –
> Mae cariad Duw yn ennyn ffydd,
> Mae aur y wawr ar orwel pell
> Yn llathru brig y nos, a mawl
> A ddaw o'i gwawl am ddyddiau gwell.
>
> Ffydd, ffydd,
> Ar edyn serch ar daith yn rhydd
> A gais fro wen anwylion dydd: –
> Mae engyl nef i'n cynnal ni –
> A gobaith ar y forlan draw
> Yn estyn llaw tros donau lli.
>
> Ithel Davies, Carchar Amwythig

Derbyniodd safiad Ithel Davies lawer o sylw yn y wasg Gymreig a Phrydeinig. Gellir dirnad y loes a deimlodd y teulu ym Maldwyn pan gyflwynwyd yr ymosodiad personol fitriolig ar 'Y Conshoni' yng ngholofn Gymraeg y *County Times* yn 1917:

> Camgymeriad difrifed ydyw poenydio a charcharu y 'Conshonis' am fod hynny yn rhoi siawns i ynfydion a phenboethiaid i wneud slam ferthyron o gachgwn. Yr unig ffordd effeithiol i gosbi y cyfryw ydyw trwy eu hamddifadu o'r breintiau fel dinasyddion... Ymhell y bo y brid hwn o gydwybodau. [188]

Ym mis Mai 2017 fe anfonodd Ithel lythyr at ei rieni yn crybwyll iddo dderbyn llythyr gan 'ewythr Huw'r Berth': 'Gofidus gennyf fod

Caradog mor wael, ond fel yr hen gymeriad hwnnw yn y stori 'mi allasai fod yn waeth.' [189] Trawyd Caradog gan dwymyn rhiwmatig, ac roedd y Weinyddiaeth Ryfel yn ymweld yn rheolaidd â'r Berthfawr er mwyn ceisio profi ei fod yn osgoi'r ymgofrestru. Er y poendod, gellir ystyried y bu aelwyd y Berthfawr yn ffodus, oherwydd yn ddiweddarach, fe deimlodd Hugh Ellis wewyr a galar Robert Gittins pan gollodd hwnnw ei fab. Bu farw Edward Rheinallt Gittins ar y 10fed o Fawrth 1918 yng Ngwersyllt y Fyddin ym Mhenfro trwy effeithiau'r rhyfel.

EDWARD REINALLT GITTINS

Llanc annwyl, un llon ac union – ydoedd
   Edward Reinallt dirion;
  Cyfaill mâd difrad ei fron,
  Gwir wastad loew Gristion.

Daeth y Rhyfel Mawr i ben ar yr 11eg o Dachwedd 1918, yn bell ar ôl i ddail yr Hydref ddisgyn yn 1914. Yn ddiweddarach lluniodd yr englyn 'Carreg Goffa Llanerfyl' ynghyd â'r cwpled sydd ar Garreg Goffa Dolanog.

CARREG GOFFA LLANERFYL

Am aberth clod i'r meibion – dewr a fu
   Drwy faes yr ymryson,
  Mynegi am enwogion
  I fyw byth wna'r gofeb hon.

CARREG GOFFA DOLANOG

Arwydd fod clod y dewrion
I fyw byth yw'r gofeb hon.

Gellir amgyffred ei fod erbyn hyn wedi dod i ddeall natur anwaraidd ac erchyll rhyfel, a'r gwastraff o golli cenhedlaeth gyfan o wŷr ifanc yn ddiangen. Roedd ei safbwynt wedi newid, o awchu am ryfel i'w ofni, gan arddel y syniadau diarfogi poblogaidd yn y degawdau yn dilyn y Rhyfel Byd Cyntaf.

Y DIARFOGIAD

Llawer iawn o sôn a siarad
Heddiw sydd am ddiarfogiad,
"Beth yw'r aflwydd sy'n ei rwystro,"
Ysbryd llid, a blys anrheithio.

---

[173] Davies, J. (1990) *Hanes Cymru*, Penguin Press, t. 493.

[174] BAC (1914) 'Caneuon Rhyfel Gwladgarol – Gwobrwyon Cynnygiedig', *Baner ac Amserau Cymru*, 10feg Hydref 1914.

[175] BAC (1914) 'Penillion Gwladgarol', *Baner ac Amserau Cymru*, 21 Tachwedd 1914.

[176] BAC (1914) 'Beirniadaeth i'r gystadleuaeth ar lunio 'Recruiting Songs", *Baner ac Amserau Cymru*, 21ain Tachwedd 1914.

[177] BAC (1915) – 'Beirniadaeth yng nghyfarfod llenyddol Llawr y Cwm ar y gerdd 'Y Territorials", *Baner ac Amserau Cymru*, 9fed Ionawr 1915.

[178] BAC (1915) 'Buddugol yng Nghyfarfod cystadleuol Sardis Llanwddyn ar yr englyn 'Y Caisar", *Baner ac Amserau Cymru*, 9fed Ionawr 1915.

[179] MCTSMWA (1939) 'Y Caisar', *The Montgomeryshire County Times and Shropshire and Mid Wales Advertiser*, 14eg Hydref 1939.

[180] BAC (1915) 'Beirniadaeth yng nghyfarfod llenyddol Llawr y Cwm ar yr englyn 'Y Belgians", *Baner ac Amserau Cymru*, 9fed Ionawr 1915.

[181] BAC (1915) 'Dolanog', *Baner ac Amserau Cymru*, 24ain Ebrill 1915.

[182] BAC (1916) 'Rhagolygon Rhyfel', *Baner ac Amserau Cymru*, 2il Ionawr 1916.

[183] LA (1916) 'Private Ithel Davies – "Poet and Idealist" – "Conscientious Objector" Courtmartialed', *Llangollen Advertiser*, 28ain Gorffennaf 1916.

[184] BAC (1916) 'Llythyr Ithel Davies o Wersyll y Fyddin, Park Hall, Croesoswallt', *Baner ac Amserau Cymru*, 4ydd Gorffennaf 1916.

[185] Davies, I. (1984) *Bwrlwm Byw*, Ithel Davies, Gwasg Gomer.

[186] Davies, I. (1984) *Bwrlwm Byw*, Ithel Davies, Gwasg Gomer.

[187] Papurau Ithel Davies, 1884–1983, Llyfrgell Genedlaethol Cymru, Aberystwyth.

[188] MCTSMWA (1917) 'Conshonis', *The Montgomeryshire County Times and Shropshire and Mid Wales Advertiser*, 24ain Tachwedd 1917.

[189] Papurau Ithel Davies, 1884–1983, Llyfrgell Genedlaethol Cymru, Aberystwyth.

Y Paffio

Fe ddisgrifiwyd Hugh Ellis fel slabyn o ddyn. [190] Fe brofodd dyfiant anghyffredin yn ŵr ifanc; roedd yn pwyso pymtheg stôn yn bymtheg mlwydd oed gan gyrraedd ugain stôn yn ugain mlwydd oed! Roedd yn gryf ac yn fawr ac yn filen mewn sgarmes, a gwyddai pawb yn yr ardal nad oedd yn un i'w groesi.

Roedd ganddo ddiddordeb mawr yn y paffio ac roedd llawer o'r straeon amdano ef ei hun yn ymladd! "Un tro, roedd ymlad mawr ar y trên bech cyn iddo ddechre o Lanfair, ac yn eu canol roedd 'hen fachgien' o Heniarth yn ddiawledig am ymladd. [191] Gofynnodd y 'Stesion Master', 'de chi'n meddwl gellwch chi 'neud rhywbeth ohono, Hugh Ellis'? 'Fydda'i fawr iawn yn 'neud rhywbeth o hwna,' ebe Hugh Ellis ac mi fachodd o, ac fe'i taflodd o i swp o fieri!" [192]

Hoffai adrodd stori am gludo calch gyda cheffyl a chert i Gaepenfras o Borthywaun, ger Croesoswallt, taith gron o ddeugain milltir. Roedd Thomas Jones (Twm Pwllyrhwch) ar y gert gyntaf, Ellis Humphrey Ellis, ei frawd ar yr ail gert, a Hugh Ellis yn dilyn ar y drydedd gert. Ar y ffordd adref ac ar ôl cyrraedd tyrpeg Meifod, buont yn aros am hir am y giât i agor ac yn gweiddi am sylw o ben y certiau. Ar ôl hir ymaros ac ar ôl colli ei amynedd, aeth Twm Pwllyrhwch at ffenestr tŷ'r tyrpeg a gweld dyn bach penfoel ar ei liniau yn gweddïo, a hwnnw yn ei anwybyddu trwy barhau i weddïo! Collodd Twm ei dymer gan ei lusgo allan a rhoi andros o gweir iddo. Ond fe gymrodd Ellis Humphrey Ellis drueni dros y dyn bach duwiol, a mynd i ffrwgwd hefo Twm! Yna, cymrodd Hugh Ellis biti dros Twm ac aeth i ymrafael â'r ddau gan roi terfyn ar y paffio!

Cynhaliwyd Ffair Llanerfyl yn flynyddol ar y dydd Mawrth cyntaf ym mis Mai. Fel llawer o ffeiriau eraill yng Nghymru, roedd yn enwog am y paffio gyda'r nos, yn enwedig rhwng llanciau'r plwy a rhai o bentrefi eraill, y rhan amlaf dros y merched. Byddai Hugh Ellis yn hoffi adrodd sut roedd rhai llanciau yn mynd i Ffair Llanerfyl yn uniongyrchol i baffio, ac yn pigo sgarmesoedd, un ar ôl y llall, megis yn achos John Williams (John Danglwst). Un tro aeth John Danglwst yn unfryd i Ffair Llanerfyl i feddwi ac i baffio, ond fe bigodd sgarmes wrth gyrraedd pont Llanerfyl, cael uffern o gweir, cyn troi am adre heb weld y ffair! Ymddengys fod y paffio yn cael ei weld fel ffordd o ddangos dewrder, cryfder a sgil, ac yn dwyn ymdeimlad o fri ac anrhydedd ymhlith elfen o'r boblogaeth leol, gan gynnwys Hugh Ellis! Dyma pam y gelwid hi'n 'Ffair Ffylied'. [193]

Roedd Ffair Llanerfyl yn cael ei hadnabod fel 'ffair bleser', gyda'r pwyslais ar gwrdd â phobl a chymdeithasu. Fe ymwelodd Alwyn D. Rees â Ffair Llanerfyl yn 1940, gan ddweud nad oedd lawer o stondinau masnachu yno, ond gyferbyn â'r Eglwys roedd iard fach yn cartrefu siglenni, bwth saethu, stand hitio coconyts a pheiriannau slot. Y prif bleser oedd symud i fyny ac i lawr y stryd a chyfarfod mewn grwpiau bach; roedd y stryd yn orlawn gan greu awyrgylch tebyg i ddawns neu barti mawr. Un o'r prif atyniadau i wŷr ifanc oedd cwrdd â merched o ardaloedd eraill, ond wedyn wrth iddi nosi byddai rhai ohonynt yn dechrau ymladd am y merched. [194]

Er bod yr Anghydffurfwyr yn ystod y cyfnod yn ymosod ar weithgareddau ffeiriau fel pethau diwerth a phechadurus, dylid nodi fod rhai o'r ffeiriau, megis Ffair Llanerfyl yn deillio o'r hen draddodiad yn mynd nôl i Wyliau Mabsant, yn coffáu nawddsant y plwyf. Erbyn cyfnod y Dadeni, roedd yr elfen grefyddol wedi hen ddiflannu ac roedd y ffeiriau plwy yn gallu bod ag enw o fod yn afreolus a meddwol, fel yn achos Ffair Llanerfyl!

---

190 Slabyn – mawr

191 Yr hen fachgien – ffurf o ddisgrifio y gŵr drwg yn ardal Cwm Banwy.

192 'Ymladd mawr ar y trên bech' – stori ar dafod Wynn Ellis.

193 'Ffair Ffylied' – gwybodaeth oddi wrth Wynn Ellis.

194 Rees, A. D. (1971) *Life in a Welsh Countryside*, University of Wales Press.

Y Dirwest, Crefydd a Moesoldeb

Roedd Hugh Ellis yn hoff iawn o fynychu tŷ tafarn pan oedd yn ŵr ifanc ac roedd ganddo enw am fod yn afreolus ac yn hoff o baffio. Aeth oddi ar y cledrau ac achosi cryn boen a phryder meddwl i'w rieni. Gwyddom iddo gael tröedigaeth, ond ni wyddom pa bryd. Daeth i fod yn llwyr ymwrthodwr ac yn ddirwestwr gan ddangos atgasedd at y 'Tŷ Tafarn'.

TŶ TAFARN

> Tŷ hollol tew o wallau – yw Tafarn,
>   Tŷ hefyd llawn gwaeau;
> Llymeitiol ffiaiddiol ffau,
> A sianel temtasiynau.

Roedd achos y Dirwest, sef ymgyrch yn erbyn defnyddio a gwerthu alcohol, yn gweddu'n naturiol hefo credoau moesol enwadau anghydffurfiol yng Nghymru yn y 19eg a'r 20fed ganrif.

> Y naill yn clodfori ei seren Ef,
> A'r llall yn anghofio yn nhafarn y dref.

Daeth y Dirwest hefyd i olygu cymedroldeb ac ymwrthod â phleserau'r byd, a fyddai'n rhoi pwysau ar bobl i ymddangos yn barchus yn y gymdeithas ac i gydymffurfio gyda gofynion moesegol eraill. Byddai merched yn cymryd rhan bwysig yn yr ymgyrch, oherwydd roedd menywod yn cysylltu meddwdod eu gwŷr â chamdriniaeth a thlodi yn y cartref. Roedd Anne Ellis, Berthfawr yn aelod selog o gangen brysur Undeb Dirwestol Merched Dolanog.

Diddorol yw nodi bod Hugh Ellis yn gallu dirnad dylanwad y Tŷ Tafarn fel storïwr, wrth olrhain yr hanes am lofruddiaeth David Jones, sef gwas ceffylau y Cann Office, Llangadfan. Yn wahanol i ran fwyaf o bobl, roedd yn amddiffynnol o'r llofrudd yn yr achos hwn. Ni chafodd yr amgylchiadau tu ôl i lofruddiaeth David Jones ger y Cann Office eu hegluro'n glir yn yr adroddiadau ym mhapurau newydd y cyfnod. Roedd y llofrudd, sef William Levi Jackson, yn ddyn parchus ac roedd ar y pryd yn gweithio ar adeiladu'r argae yn Llanwddyn. Gweler adroddiad yn y *Faner* dyddiedig y 15fed Hydref 1884:

> Yr oedd iddo gymeriad hynod o barchus. Bu yn glerc o dan gwmni'r Cambrian yn y Trallwm a Chroesoswallt. Bu hefyd yn bregethwr cynorthwyol gyda rhyw enwad crefyddol ar un adeg, ac yn areithiwr dirwestol; ond ymddengys ei fod wedi gadael y ffydd honno yn ddiweddar. [195]

Derbyniodd Jackson bum mlynedd o gaethwasanaeth yn gosb a bu'n ffodus i osgoi cael ei grogi am y weithred. Cofiai Hugh Ellis yr amgylchiadau y tu ôl i'r llofruddiaeth, megis dylanwad y ddiod feddwol, a effeithiodd ar ei safiad yn ddiweddarach fel dirwestwr. [196] Adroddai am arferiad llanciau Llangadfan o ymladd a chodi twrw hefo llanciau o bentrefi eraill. Byddent yn eu meddwdod yn clymu dieithriaid wrth y giât wrth Stabl y Cann a phwnio eu tinau gyda chefn rhaw, sef y driniaeth a dderbyniodd Jackson. Er nad oedd hyn wedi'i amlygu yn yr adroddiadau yn y wasg, fe ddechreuodd Jackson gerdded am adref am Lanwddyn, cyn newid ei feddwl, a throi'n ôl am y Cann Office. Yn ei feddwdod ac mewn tymer drwg, fe ymosododd Jackson ar y diniwed David Jones, nad oedd yn rhan o'r direidi peryglus. Gwnaeth pethau sobri am gyfnod yn Llangadfan yn dilyn y chwarae a droeodd yn chwerw. [197]

TYMER DRWG

Tymer drwg, llawn gwg i gyd – yn rhedeg
   Fel trydan drwy'r ysbryd;
  Eithafol felltith hefyd,
  Yn boen i bawb yn y byd.

Er fod pawb yn adnabod Hugh Ellis am ei hiwmor a'i ffraethineb, dim ond cylch bychan o bobl oedd yn ymwybodol o'r ochr ddifrifol i'w gymeriad. Trwy ymdrin gyda phynciau dyrys megis 'Nos Uffern' ac 'Euogrwydd' tybir bod y bardd yn hel myfyrdod am y dyddiau helbulus cynnar yn ei fywyd.

NOS UFFERN

Hen nos ddofn i fynwes ddu – yw uffern,
   Nos o effaith pechu,
Nos i'r ffôl alarol lu,
Drwy ingoedd i fyth drengu.

EUOGRWYDD [198]

Hynodol dan anedwydd – o waelod
   Calon yw euogrwydd;
Buan rhed ei boenau rhwydd
I'w gwrido mewn gwaradwydd.

Fe wnaeth Anghydffurfiaeth wasgu allan y ffeiriau pleser a'r adloniant seciwlar; er enghraifft, roedd ffair gŵyl mabsant Llanfihangel-yng-Ngwynfa wedi dod i ben cyn cyfnod Hugh Ellis. Daeth y capeli yn brif ganolfannau i gynnal anghenion hamdden a diddanu. Roedd y cyrddau bach, partïon Ysgol Sul, a chyfryngau megis y 'ddadl' yn hwyl bwysig drwy gynnal diwylliant cefn gwlad, ac roedd y cymanfaoedd pregethu awyr agored yn gallu denu torfeydd enfawr fel yr hcn ffeiriau gŵyl mabsant. [199]

Roedd Hugh Ellis yn aelod efo'r Methodistiaid Calfinaidd ac yn mynychu Capel Sardis ger y Berthfawr. Dyma'r cyfnod lle byddai mynychu oedfaon y Saboth, peidio â thorri'r Saboth ac ymwrthod â diodydd meddwol yn gyd-bwysig; roedd yr ymddygiadau hyn yn bethau gweledol a fyddai'n cael eu monitro o fewn cymdeithas, ac yn cael eu hamlygu yn yr ofn cyffredinol o golli enw da. [200]

ENW DA [201]

Nid golud a'n diogela – y gwir
   Yw y gamp – a lwydda;
Halogrwydd byd ni lygra
Goron deg yr enw da.

Fe gyflwynodd y Methodistiaid Calfinaidd ofynion cydymffurfio ffurfiol fel rhan o'r Ddirwest, o ran ymwrthod â diodydd meddwol. Byddai'r capeli yn cynnal Sabath Dirwestol ar yr un dyddiad yn flynyddol a byddai'r aelodau yn ardystio 'Ymrwymiad Dirwestol' o fewn 'Cofrestr Ddirwestol'. Cynhaliwyd Saboth Dirwestol ar 24ain Tachwedd yn 1907 ac fe gyflwynodd Cymdeithas Ddirwestol Maldwyn adroddiad blynyddol yn y *County Times* yn Hydref 1908 yn dilyn anfon 'cerdyn yn cynnwys chwech o ofyniadau, i bob eglwys'. Derbyniwyd ymatebion oddi wrth 125 o eglwysi gyda 105 ohonynt yn cadarnhau eu bod wedi traddodi pregeth ar ddirwest ar 24ain Tachwedd 1907. [202]

Yr oedd dirwest, moesoldeb a chrefydd yn gorgyffwrdd â'i gilydd fel yr adlewyrchwyd yn llawer o destunau cystadlu'r cyrddau bach a chyrddau misol y capeli bach.

TWYLLWR [203]

Ffei genau, rhyw ffug honwr – dihalog
   Yw'r hudolus dwyllwr;
Ffals ei anian, ffôl swynwr
Diras iawn, bradwrus ŵr.

AMYNEDD

Amynedd gras dymunol, – [   ]
   Yn y teimlad dynol;
A byw allu darbwyllol
I wneud ffwrdd â nwyddau ffôl.

Y CRISTION [204] [205]

Gŵr annwyl, hawddgar, union – a'i urddas
    Yn harddu ffyrdd Seion;
  Cyfaill mad, difrad ei fron,
  Cywir wastad yw'r Cristion.

FFYDD

Hael ffawd grediniol yw Ffydd, – ac elw
    Calon gwir addolydd,
  Bywyd cryfaf byd crefydd
  O ras Duw ddeil wres y dydd.

GORUWCH YSTAFELL [206]

Annedd glyd, lonydd a glân, – i'n Hiesu,
    Noson fawr y griddfan;
  Enwog fyth: tra unig fan,
  I ddu dwyllwr dd'od allan.

Er yn Fethodist selog, nid oedd yn gul ei feddwl, ac ymddengys ei fod yn agored i wrando ar athrawiaeth a syniadaeth newydd:

O'r amrywiol lyfrau oedd Rowland Morgan, Llertai wedi arfer eu darllen, y Beibl ydoedd y llyfr mwyaf hyddysg iddo. Yr oedd yn ysgrythyrwr goleuedig, ac yn ddiwinydd da. Ei brif esboniadau oedd Idrisyn, James Hughes a Peter Williams. Yr oedd yn myfyrio llawer ar Eiriadur Charles, gwaith Gurnall a thraethodau Dr. Lewis Edwards. Nid wyf yn meddwl y buasai yn credu dim yn y Ddiwinyddiaeth Newydd, sydd gymaint o sôn amdani y dyddiau hyn. Yr oedd wedi hoelio ei gred yn y Rhodd Mam, Yr Hyfforwr, Erthyglau y Gyffes Ffydd, sef bod Duw yn Ymgnawdoliad, Y Mabwysiad, Y Cyfiawnhad, Y Sancteiddhad, a phethau fel yna. Mi wychoch chi y Methodistiaid rywbeth amdanynt, a Methodist oedd Rowland Morgan, go bengam hefyd. A phynciau y Calfiniaid oedd ef yn ei gredu. Pe dweda rywun wrtho na fu y fath dyn a Job yn byw yng Ngwlad Us, buasai Rowland Morgan yn dweud ei fod yn llunio celwydd. Pe buasai Beibl yn dweud fod Jona wedi llyncu y morfil buasai yn coelio bob gair. Ni allasech wneud iddo goelio megis Darwin mai croes o fwnci ydyw dyn. Mae acw dyn bach yn byw yn fy ymyl yn coelio hynny a chwaneg. Y mae yn adnabod ambell i ddyn meddai ef heb ddim croes ynddo o gwbl, a beth feddyliech chwi y mae galw hwnna? Wel, dim byd llai na 'pure bred' mwnci. [207]

Byddai Hugh Ellis yn hel atgofion yn argyhoeddedig am brofiad ysgytwol ei dad yng nghyfraith, Ellis Jones, Neuadd Wen, ar un noswyl cyn yr hen Nadolig, sef y 6ed o Ionawr; dyma'r hanes yng ngeiriau Edith Ellis, Berthfawr:

Wedi mynd i'r beudai yn y nos fel yr arferiad – agorodd ddrws un blaid – y gwartheg ar eu gliniau. Fe drodd i blaid arall – y gwartheg fanno ar eu gliniau. Roedd yn cadw tipyn o geffylau – y rheini ar eu gliniau hefyd [yn gweddïo i'w Creawdwr]. [208] [209]

GWEDDI

Â cri dyn yn curo dôr – llys ei dad
   'W'yllus Duw yw agor,
  Hwylus saeth i balas Iôr
  Yw gweddi dda'i hegwyddor.

GOSTEG

Ymedy twrf am adeg – yn sydyn
   Ar osodiad "Gosteg";
  Ar y gair does unrhyw geg
  Yn chwennych ymson chwaneg.

Bu'n fuddugol yng Nghylch Blynyddol Undeb Llenyddol a Cherddorol Beerseba, Foel, Diosg a Beulah yng Nghapel Wesle Llanerfyl am ffurfio pedwar pennill i'r 'Pulpud' ond nid yw'r gerdd hon wedi goroesi. [210] Yn ddiweddarach yn Eisteddfod Flynyddol MC Llangadfan yn 1914 daeth yn fuddugol ar englyn 'Y Cristion' a'r penillion 'Ac ni bydd nos yno'. [211]

AC NI BYDD NOS YNO

Oes mae gwlad heb nos un amser,
Disglair wlad a dedwydd ddydd;
Golau llachar Haul Cyfiawnder
Yno'n fythol wenu sydd.
Gwlad y glân drigfannau dedwydd,
Gwlad mae pawb o'i mewn yn llon;
Gwlad mae'r gân yn mynd ar gynnydd
Nid oes nos yn hanes hon.

Nis gall cwmwl profedigaeth
Esgyn i'w ffurfafen glir,
Nis gall rhith o siomedigaeth
Dramwy byth o fewn y tir.
Ni bydd yno sôn am wylo
Fel sydd ar ein daear ni,
Gwaith y dorf fydd hyfryd byncio
Peraidd anthem Calfarî.

Ni ddêl yno len o bryder
Du i dorri ar ein hedd,
Cartref clir o ddwyfol wynder
Ydyw'r byd tu draw i'r bedd.
Byth ni ddichon nos euogrwydd
Groesi ffiniau Salem lân,
Nis gall llid, na gwrid gwaradwydd,
Ddod i ymyl swn y gân.

Pell o gyrraedd cosbedigaeth
Yw tiriogaeth Cannan wlad,
Pell o gyrraedd nos marwolaeth
Yw trigfannau tŷ ein Tad.
Nid yw'r haul byth yn machludo
Dros orwelion gwlad y wawr,
Canwn ninnau "Diolch iddo
Byth am gofio llwch y llawr."

Daeth yn fuddugol ar lunio pennill i emyn ar 'Golwg Ffydd ar Fryniau Caersalem', sydd yn gweddu â'r penillion a gyflwynwyd gan ei gyd-gystadleuwyr, sef ei frawd, Ellis Humphrey Ellis a Robert Gittins, Dolanog. Ymddengys i'r gystadleuaeth hon wahodd myfyrdod ar emyn enwog David Charles (1762–1834), 'O Fryniau Caersalem ceir gweled', wrth gyfansoddi emyn ar gyfer yr hen dôn Gymreig, 'Crugybar'.

GOLWG FFYDD AR FRYNIAU CAERSALEM

O ganol anialwch cawn syllu
Drwy ffydd i Gaersalem yr hedd,
Lle mae ein cyfeillion yn canu
Yn beraidd tu arall i'r bedd.
Mae yma fyrddiynau o seintiau
Mewn hwyl yn dy foli Di, Iôr,
O tania fy enaid, tyn finnau
I'r teulu sy'n canu'n y Côr.

Hugh Ellis

O ganol yr anial ceir gweld
Caersalem fy nghartref mewn hedd,
A'i bryniau dan wrid anfarwoldeb
A gras yn dwyfoli ei gwedd.
A dianc ym mreichiau ei hawel
Wna hwyliog ganiadau y nef,
Hen anthem fendigaid Calfaria
I'w enaid ar dân iddo Ef.

Robert Gittins

Wrth deithio'r anialwch rwy'n gweled
Y nefol Gaersalem sydd fry,
Mae troion yr yrfa'n creu ynof
Awyddfryd am fod gyda'r llu
Sy o gyrraedd ystormydd ac ofnau
Ac angau dychrynllyd a'r bedd,
Yng nghwmni yr Iesu'n ddihangol
Yn nofio mewn cariad a hedd.

Ellis Humphrey Ellis

Lluniodd y penillion telynegol 'Gethsemane' drwy greu darluniau cyfarwydd o'r bradychiad a'r croesholiad.

GETHSEMANE

Hoff ardd Gethsemane, mae d'enw di
Ymhlith yr holl erddi yn hawlio bri.
Anwylaf dlos lannerch, sancteiddiaf fan
Bu Iesu yn chwysu i godi'r gwan.

Ar fin afon Cedron, o ŵydd y byd,
Gorseddi mewn urddas a pharch o hyd.
I'r fangre fach unig yr Iesu droes,
Cyn myned i'r frawdle, a Bryn y Groes.

Tan gangau y palmwydd ar wely llwm,
Y bu y disgyblion yn cysgu'n drwm,
Fan yma bu Judas yng ngolau'r lloer,
Yn estyn i'r Iesu ei gusan oer.

I'w ganlyn daeth byddin a'u gwaywffyn,
Ac yma daliasant yr Iesu Gwyn,
Tra saif yr Olewydd tra nos, tra ddydd,
Fe gochir dy lwybrau gan blant y ffydd.

Gobeithiai Hugh Ellis am achubiaeth Duw ar Ddydd y Farn ac roedd yr emyn 'Boreu Trydydd Dydd' yn cyfleu ei obaith 'rhyw dro i ganu i blith hoff blant y ffydd'.

BOREU TRYDYDD DYDD

Diolchir yn oes oesoedd
Am fore'r trydydd dydd,
Y dydd daeth Crist y nefoedd
O afael angau'n rhydd.
Castelli llu'r afagddu
A dynnwyd hyd y llawr,
Nis gallai Rhufain gladdu
"Yr Atgyfodiad Mawr".

Daeth gwawl i deulu adfyd
Daeth cân i ddynolryw
Y dydd daeth" Awdur Bywyd"
O'r bedd i fyny'n fyw.
Gorchfygodd do, bob gelyn,
Bu'n dranc i lid y bedd
Ac angau p'le mae'th golyn,
O uffern p'le mae'th sedd?

Mae Mair, Salome, ac Ioan,
A llu o deulu'r ffydd
Yn dystion byw anniflan
O ffaith y Trydydd Dydd.
Mae'r beddrod gwag yn tystio,
Medd' dau o engyl Duw, [212]
A'r Ysbryd Glan yn eilio
Fod Iesu'n eto'n fyw.

Dydd gŵyl, dydd cynta'r wythnos,
Dydd mawr ein Sabath ni.
Dydd sy'n teilyngu aros
Am byth ar lechres bri.
Os dof rhyw dro i ganu
I blith hoff blant y ffydd
Diolchaf byth i'r Iesu
Am Fore'r Trydydd Dydd.

Fe'i hadnabuwyd fel un a fyddai'n gallu bod yn chwareus, cellweirus a gwamal, ond fe ddadleuir bod y ffocws hwn ar y pethau dibwys heb fawr o effaith ar y pethau anfeidrol. O ran ei ffydd Gristnogol, ymddengys fod yr anwadalwch hwn yn absennol ac roedd arno ofn o fod yn wamal o'r anfeidrol a'r cysegredig.

---

[195] BAC (1884) 'Y Llofruddiaeth Erchyll yn Y Cann Office, Sir Drefaldwyn', *Baner ac Amserau Cymru*, 15eg Hydref 1884.

[196] AO (1884) 'The Montgomeryshire Manslaughter', *The Aberystwyth Observer*, 1af Tachwedd 1884.

[197] Pwnio tinau – er nad oes unrhyw arwydd bod Hugh Elis yn chwaraewr yn yr arfer hwn, mae'n ymddangos i'r llofruddiaeth yn y Cann Office adael argraff fawr arno am weddill ei fywyd, ac efallai mai dyma'r rheswm pam y trodd yn ddirwestwr argyhoeddiedig.

[198] BAC (1901) 'Arolygwr yr Ysgol Sul', 'Euogrwydd' ac 'Angau', *Baner ac Amserau Cymru*, 17eg Ebrill 1901.

[199] Rees, A. D. (1971) *Life in a Welsh Countryside*, University of Wales Press.

[200] Torri'r Saboth – fe barhaodd yr arfer o beidio cynaeafu ar y Sul ar rai ffermydd yn y gymdogaeth tan oddeutu'r 1980au.

[201] *Awen Maldwyn* (1960) Cyfres Barddoniaeth y Siroedd, Llyfrau'r Dryw, t. 88.

[202] MCTSMWA (1908) 'Cymdeithas Ddirwestol Maldwyn. Adroddiad y Pwyllgor Gweithiol am y Flwyddyn 1908', *The Montgomeryshire County Times and Shropshire and Mid Wales Advertiser*, 6ed Hydref 1908.

[203] BAC (1906) 'Moel Pentyrch' a 'Twyllwr', *Baner ac Amserau Cymru*, 10fed Hydref 1906.

[204] BAC (1914) 'Y Cristion' ac 'Ac ni bydd nos yno', *Baner ac Amserau Cymru*, 10fed Ionawr 1914.

[205] MCTSMWA (1937) 'Awgrym' a 'Cristion', *The Montgomeryshire County Times and Shropshire and Mid Wales Advertiser*, 12fed Mehefin 1937.

[206] BAC (1904) 'Yr Annwyd' a 'Goruwchystafell', *Baner ac Amserau Cymru*, 8fed Mehefin 1904.

[207] Ellis, E (1921) 'Llyfryn Llanfair Caereinion Dairy Class' – portreadau yn y cefn gan Hugh Ellis o Rowland Morgan, Richard Hughes a William Williams.

[208] Plaid – beudy

[209] *Plu'r Gweunydd*, Rhagfyr 1982 – stori yng ngeiriau Edith Ellis, Berthfawr am yr anifeiliaid yn gweddïo yn Neuadd Wen.

[210] BAC (1887) 'Y Pulpud', *Baner ac Amserau Cymru*, 16eg Chwefror 1887.

[211] BAC (1914) 'Y Cristion' ac 'Ac ni bydd nos yno', *Baner ac Amserau Cymru*, 10fed Ionawr 1914.

[212] Engyl Duw – yn ôl yr Efengylau yn ôl Ioan a Luc yr oedd dau angel gyda Iesu yn y bedd, cyn yr atgyfodiad ar y trydydd dydd.

Y Ddynes Newydd

Fe gyhoeddwyd englynion buddugol gan Hugh Ellis a Richard Lewis ar destun 'Y Glepwraig' yn y *Faner* yn 1890.

Y GLEPWRAIG [213]

Clepwraig hynod llawn gwybodau – doniol
    Am daenu pob chwedlau:
  Cul, eiddig, deyrn y celwyddau;
  A 'stŵr geir o'i stori gau.
Hugh Ellis

Y Dost Glepwraig ddi-osteg – edliwia
    Chwedleuon; a chwaneg,
  A ddetrydd yn ddiatreg,
  Er ein gwae – ffei o'r hen gêg!
Richard Lewis, Cyffin Fawr

Glepwraig erch! Ow! ferch wir fas – daena chwedl
    Gŵyd hen chwyn galanas;
  Deifiad gwyllt y dafod gâs,
  Wna'n barddu wyneb urddas!
Richard Lewis, Cyffin Fawr

Byddai'r glepwraig neu'r dafodwraig y rhan amlaf yn cael ei gweld fel gwraig ddiog ac anniben, sef y gwrthwyneb i'r fenyw ramantus ddelfrydol. Dechreuodd y Cymry fagu amheuaeth ynglŷn â'u delwedd yn dilyn adroddiad a elwid yn 'Brad y Llyfrau Gleision'. Fe gomisiynwyd adroddiad yn 1847 gan senedd San Steffan ar gyflwr addysg yng Nghymru:

Pardduwyd cymeriad y Cymry ... a'u cyhuddo o fod yn bobl gyntefig, dlawd ac israddol, yn foesol ac yn ddiwylliannol. Bu'r adroddiad yn arbennig o drwm ei lach ar famau Cymraeg, gan honni mai eu llacrwydd moesol a'u trythyllwch rhywiol hwy a oedd wrth wraidd anwybodaeth ac amddifadedd y genedl gyfan.' [214]

Fe ddylanwadodd yr adroddiad ar ystod o ddatblygiadau yn y degawdau dilynol, megis enciliad yr iaith Gymraeg, yr Anghydffurfiwr yn dod yn fwy dylanwadol yng ngwleidyddiaeth Cymru, Rhyddfrydiaeth yn cryfhau, dechreuadau cenedlaetholgar cynnar Cymry Fydd a'r diddordeb cynyddol yn achos y Dirwest. Roedd barddoniaeth y cyfnod yn dyheu am 'Wlad y Menig Gwynion', y ddelfryd o'r Gymru berffaith ar yr aelwyd, yn ddirwestol, crefyddol, cymdeithasol, a diwylliannol.

Fe gododd yr adroddiad lawer o hunan amheuaeth ynglŷn â rôl y mamau yng Nghymru, gan arwain at fwy o bwyslais ar y cartref gan anrhydeddu dylanwad y fam ramantus ddelfrydol Gymreig, trwy ymgorffori cwlt yr aelwyd. Daeth y ddelwedd o'r fenyw Gymreig ramantus yn boblogaidd yn llenyddiaeth Gymraeg cyfnod oes Fictoria. Er enghraifft, roedd testun 'Y Glepwraig' yn boblogaidd mewn eisteddfodau, cyrddau llenyddol a chyrddau bach tan o leiaf ddiwedd y bedwaredd ganrif ar bymtheg!

Parhaodd cwlt yr aelwyd – a'r ddelwedd ramantus o'r fam Gymraeg ei hiaith a deyrnasai dros ei chartref – yn arf canolog yn yr ymgyrch i gynnal nodweddion unigryw y Cymry ac i greu ymdeimlad o ymwybyddiaeth a balchder cenedlaethol hyd ddegawdau cynnar yr ugeinfed ganrif o leiaf... Cyflwynid 'tafod gwraig' – prif arf menyw wrth ymosod – yn achos anghydfod priodasol diderfyn a gelyniaeth ddi-ben-draw rhwng y rhywiau. [215]

Daeth delfryd ffeministaidd y fenyw newydd i'r amlwg ar ddiwedd y 19eg ganrif. Defnyddiwyd y term 'new woman' i gyfeirio at fenywod annibynnol a oedd yn ceisio gwrthsefyll rhagfarnau cymdeithasol traddodiadol, trwy gael newid radical er mwyn iddynt gyflawni rôl fwy cyflawn mewn cymdeithas.

Y DDYNES NEWYDD

Y Ddynes Newydd heini – a selog
   Sylwch am reoli;
  Yn gyhoeddus mae'n gwaeddi
  "Wele moes yr hawl i mi".

Dynes hynod ei hanian – esgeulus
   O galon, a'i thrigfan
  Yn llawn o lwch, unlle'n lân,
  Ei h'wllys yw mynd allan.

Gwerines na fu'n goroni – ei thŷ
   Gyda thân, a gwersi
  Ei llon nôd, a'i chynllun hi
  Yw rhedeg r'ôl direidi.

Yn annibynnol ac egnïol eu natur, a heb feddu ar ddiddordeb mewn priodas a chael plant, roedd ffigwr stereoteip y fenyw newydd yn bygwth syniadau confensiynol am fenywdod Fictoraidd rhamantus delfrydol. Daeth y fenyw newydd yn destun dychan a gwawd cyffredin, ac roedd yna ofn cyffredinol o rwygo cymdeithas ar wahân rhag ofn i ferched roi'r gorau i'w haelwydydd, eu gwŷr a'u plant!

Roedd arfer newydd menywod o reidio beics mewn 'bloomers' yn symbol pwerus o'r ffasiynau Fictoraidd newydd a oedd yn fygythiol i ddynion. Mae'n ddiddorol gweld defnydd o'r gair 'heini' yn englynion 'Y Ddynes Newydd' oherwydd hawliodd yr actifydd Susan B. Anthony yn 1896 fod y beic wedi gwneud mwy i ryddhau menywod nag unrhyw beth arall! [216] Roedd hyn yn beth syfrdanol i'w ddweud, ond wedyn gellir dadlau fod y ffasiynau newydd hyn wedi sbarduno'r newid mewn ymddygiadau, cyn ennill hawliau i fenywod maes o law.

Yn yr oes sy ohoni, mae englynion y 'Ddynes Newydd' yn ymddangos yn rhagfarnllyd trwy arddangos gwerthoedd cymdeithasol traddodiadol yr oes a'r cyfnod. Er hynny, o ystyried natur ddeuolaidd y bardd, efallai bod Hugh Ellis yn gwneud hwyl am ben y rhagfarnau

Y Ddynes Newydd

(llun: Wikimedia Commons)

hyn mewn ffordd gellweirus, ond mae'n annhebygol mai dyna oedd y sefyllfa.

Ymddengys i englynion y 'Ddynes Newydd' gael eu llunio yn negawd gyntaf y ganrif newydd oherwydd bod y llinellau 'yn gyhoeddus mae'n gwaeddi / "Wele moes yr hawl i mi"', yn awgrymu cyfeiriad at y gweithredu uniongyrchol gwleidyddol gan y Swffragetiaid. Erbyn hyn roedd agweddau ym Mhrydain yn gyffredinol yn dechrau newid i fod yn fwy gwrandawus o lais menywod. Wrth ystyried fod y symudiad hwn yn arafach yng Nghymru, dadleuir bod cwlt yr aelwyd i ryw raddau yn parhau i fod yn ddylanwadol, ac mae'n debyg fod Hugh Ellis fel dyn ei oes a'i amser yn parhau i feddu'r rhagfarnau cymdeithasol traddodiadol. [217]

Roedd y 'Ddynes Newydd' yn parhau i gael ei gyflwyno fel testun mewn rhestr testunau eisteddfodau ar ddechrau'r 20fed ganrif, ond gwelir hefyd arwyddion fod agweddau'n dechrau newid. Mewn llythyr yn cyfeirio at destunau cystadlu Eisteddfod Pontrobert yn y *Faner* yn 1907 cyfeiriodd yr 'Hen Gystadleuydd' am y newid mewn agweddau:

Yn sicr, y mae rhai o'r testynau hyn yn hawlio sylw ac adolygiad llym: oblegid ceir rhai testynau ynddynt naill ai yn arogli o lwydni, wedi eu geirio yn anghelfydd a hynod, yn aneglur, neu yn peri i ni grechwenu; a'r ammodau yn chwithig, afreidiol, di-ystyr, os nad yn ffôl... Dyna yr englyn etto i'r 'Ddynes Newydd'. Hen destyn, ac un digon llipa ydoedd ar y dechreu ond erbyn hyn y mae wedi myned yn ddiflas, os nad yn salach nag is law sylw. [218]

Wrth ystyried fod byd gwleidyddiaeth sefydliadol yn cael ei weld yn faes i ddynion yn unig, un o ddatblygiadau seismic yr oes Edwardaidd oedd gweithredu uniongyrchol gwleidyddol y Swffragetiaid wrth ymladd am hawliau a llais i fenwyod. [219] Bu i un o'r Swffragéts sef Emily Davison aberthu ei hunan a chael ei lladd trwy redeg o flaen ceffylau rasio yn Epsom ar y 4ydd Mehefin 1913. Yn ddiweddarach yn 1918 cyflwynwyd Deddf Cynrychiolaeth y Bobl lle cafodd merched tri deg mlwydd oed a hŷn yr hawl i bleidleisio am y tro cyntaf, cyn i ail Lywodraeth Geidwadol Stanley Baldwin (1924 hyd at 1929) gyflwyno deddf Cynrychiolaeth y Bobl 1928 gan roi'r hawl i ferched dros un ar hugain mlwydd oed bleidleisio ar yr un telerau â dynion.

Oddeutu 1928, derbyniodd Hugh Ellis wahoddiad gan Undeb Dirwestol Merched Dolanog i gyflwyno 'Dadl' yng Nghapel Saron yn cefnogi hawl merched dros un ar hugain oed i bleidleisio.

Ceir yn y 'Ddadl' ddiweddariad i'r dychanu pryfoclyd yn yr englynion 'Y Glepwraig' a'r 'Ddynes Newydd' a llawer o gyfeiriad at y Dirwest, oherwydd roedd ymgyrchoedd y Dirwest ac ennill pleidlais i fenywod yn gallu gweithio'n agos gyda'i gilydd.

[213] BAC (1890) 'Y Glepwraig', *Baner ac Amserau Cymru*, 12fed Chwefror 1890.

[214] Jones, R. (1999), "Sfferau ar wahân'? Menywod, Iaith a Pharchusrwydd yng Nghymru Oes Victoria', yn Jenkins, G.H. *Gwnewch Bopeth yn Gymraeg: Yr Iaith Gymraeg a'i Pheuoedd 1801–1911*, Gwasg Prifysgol Cymru, t. 190.

[215] Jones, R. (1999), "Sfferau ar wahân'? Menywod, Iaith a Pharchusrwydd yng Nghymru Oes Victoria', yn Jenkins, G.H. *Gwnewch Bopeth yn Gymraeg: Yr Iaith Gymraeg a'i Pheuoedd 1801–1911*, Gwasg Prifysgol Cymru, t.192.

[216] Bathurst, B. (2011) *The Bicycle Book*, Harper Press.

[217] Jones, R. (1999), "Sfferau ar wahân'? Menywod, Iaith a Pharchusrwydd yng Nghymru Oes Victoria', yn Jenkins, G.H. *Gwnewch Bopeth yn Gymraeg: Yr Iaith Gymraeg a'i Pheuoedd 1801–1911*, Gwasg Prifysgol Cymru, t. 192.

[218] BAC (1907) 'Eisteddfod Pontrobert', *Baner ac Amserau Cymru*, 29ain Mai 1907.

[219] Jones, R. (1999), "Sfferau ar wahân'? Menywod, Iaith a Pharchusrwydd yng Nghymru Oes Victoria', yn Jenkins, G.H. *Gwnewch Bopeth yn Gymraeg: Yr Iaith Gymraeg a'i Pheuoedd 1801–1911*, Gwasg Prifysgol Cymru, t. 196.

Y Ddadl

Fe roddodd Alwyn D. Rees yn *Life in a Welsh Countryside* sylw i'r ddadl fel cyfrwng arall o gynnal diwylliant cefn gwlad yn y capeli. [220] Er i'r Anghydffurfwyr gondemnio yn wreiddiol unrhyw ffordd o ddynwared a chwarae-actio, megis yr anterliwtiau yn y ffeiriau, defnyddiwyd ffurf fwy annelwig ar y ddrama yn y ddadl, a fyddai'n boblogaidd yn y cyrddau bach. Roedd y ddadl yn ffurf o ddrama ond heb y gwisgoedd, llwyfan ac actio, a'r hyn a oedd yn weddill oedd areithiau hir rhwng dau neu fwy o bobl, o fewn y 'sêt fawr'. Byddai'n arfer hefyd i gyflwyno barddoniaeth wedi'i blethu'n bwrpasol i mewn i'r ddadl. Pwrpas y ddadl oedd ceisio annog tröedigaeth y ffaeledig. [221]

Roedd Hugh Ellis yn cael ei gydnabod fel dadleuwr o fri ac yn aml yn paru fel gwrthwynebydd i Buddug Griffiths, Garthllwyd, Llanfair Caereinion; roeddynt yn cael eu cydnabod fel 'double act' ac yn cyflwyno dipyn o hiwmor i'r perfformiadau. Ar ddiwedd un ddadl yn Llanerfyl, fe gyflwynodd englyn er mwyn darbwyllo'r gynulleidfa i'w ochri ef, ac nid Buddug Griffiths a Hugh Evans, Glantanat, Diosg, Llanerfyl:

DADL LLANERFYL

Ein Buddug, anwybyddwn, – hefyd
    Hugh Evans ni choeliwn.
Ar Hugh Ellis yr hoeliwn
Ein bryd ôll, ein brawd yw hwn.

Oddeutu 1928, derbyniodd wahoddiad gan Undeb Dirwestol Merched Dolanog i gyflwyno 'Dadl' yng Nghapel Saron ar:

'Ai diogel i lywodraeth gwlad noddi pleidlais i ferched 21ain oed?'

Nid yw'r ffaith iddo dderbyn y gwahoddiad i ddadlu dros i ferched gymryd mantais o'r bleidlais ddim o reidrwydd yn golygu ei fod ef ei hun yn credu'n gryf yn y dadleuon o fewn ei 'Ddadl'! Ceir yn y 'Ddadl' gyfle i gael golwg mwy diweddar ar ei agweddau yn dilyn englynion 'Y Glepwraig' a'r 'Ddynes Newydd':

Mr Cadeirydd a pharchus gynulleidfa

Yr wyf yn falch o gael siarad gair â'r llancesi yma heno. Llancesi Sardis, Saron, Dolanog a Moriah. Morwynion glân Maldwyn a gwyryfon harddaf talaith Powis yn ôl fy marn i. Peidied y llanciau â bod yn eiddigeddus ohonwyf am y tro. [222]

Diau eich bod yn meddwl cael peth wmbredd o hawl ar ôl sicrhau pleidlais. Os llawer o hawl ydych chwi yn meddwl ei gael, fe'ch siomir. Yr hyn y mae'r Llywodraeth yn ei estyn i chwi ydyw llais. Llais i ddewis aelodau seneddol a llais mewn llywodraethu a rheoleiddio'r wlad.

Nid oes neb ond ambell un sydd wedi ei chwythu fyny â gwynt yn hoffi'r ymffrostio yn eu hawl. Ond yr ydym yn gweled peth mor wrthun â hynny weithiau, hyd yn oed yn y cylch crefyddol. Y mae ambell i ddyn yn meddwl mai efe ydyw brenin y capel bach. Gallai rhywun heb fod yn ei adnabod yn dda, feddwl fod agoriadau uffern, a marwolaeth yn crogi wrth ei wregus. Nid ydyw wedi astudio dim byd ond deddf unbeniaeth. Y mae deddf gweriniaeth a chydraddoliaeth yn gyfangwbl allan o gylch ei fyfyrdod. Wedi'r cyfan, hawdd ydyw canfod mai rhyw *Johnny fifteen* ydyw y dyn yna. [223]

Rhywbeth yn gweddu i'r Anfeidrol ydyw hawl, y mae ganddo Ef ddigon o ddoethineb i'w ddefnyddio. Pethau benthyg yw ein popeth ni. Onid oes dynion wedi bod yn byw yng nghyfnod yr ardal yma, ac yn llafurio y meysydd o gwmpas Sardis, a Saron o'n blaenau? A chan wired â bod pobl wedi bod yma o'n blaenau, fe ddaw rhai ar ein holau. Ac nid oes lawer o achos iddynt rwygo eu crysau i fod cystal â ni fel pe baent yn ceisio. Waeth i ni heb sôn am hawl. Nis gwn fod gennym wir hawl mewn un-peth ond beddrod i'n claddu. "O'r pridd y daethost ac i'r pridd y dychweli". Dywed y bardd Ysgeifiog nad oes gennym hawl i fyw:

> Iôr a bia roi bywyd – ac anadl
> Ac einioes, ac iechyd;
> Hawl a fedd i alw o fyd
> Man y mynno mewn munud.

Chwi foneddigesau ieuanc peidiwch â meddwl am lawer o hawl. Bodlonwch ar lais yn unig fel y llanciau. Bydd eich enwau ar yr etholrestrau yn fuan. Gofelwch am fyned i 'fŵth' y pleidleisio dydd yr etholiad. Cloriannwch yr ymgeiswyr yn fanwl. Gweithredwch yn egwyddorol. A cheisiwch noddi y sawl sydd yn caru lles dynoliaeth ar ben y pôl.

Cwestiwn ydi pwnc y ddadl heno, sef ai diogel i lywodraeth gwlad noddi pleidlais i ferched 21ain oed? Gellir tybied oddiwrth deitl y testun fod rhywun, neu rywrai yn amheu eich diogelwch, ac yn ofni y bydd i chwi droi y byd a'i wyneb i waered. Gobeithiaf nad oes neb yma heno yn coleddu syniadau cul felly.

Pwy oedd Efa? Mam pob dyn byw medd y *Rhodd Mam*. [224] A fuasech chi yn meddwl am i fam wneud cam â'i rhai cu? Oni fuasai'n well gennych feddwl y bydd i fam wneud cam â hi ei hun, yn hytrach na gwneud cam â'i phlentyn? A anghofio mam ei phlentyn sugno? Na choeliaf fi fawr. Does neb wedi hunan aberthu cymaint drosom â'n mamau. Onid ein mamau a fu yn ein gwylio yn fabanod? Fe gollodd ein mamau ugeiniau o nosweithiau o gwsg er ein cysur ni. Onid fuoch chwi yn canu yr hwiangerdd dlos honno?

> Myfi sydd yn magu'r baban,
> Myfi sydd yn siglo'r crud,
> Myfi sydd yn hwian, hwian
> Ac yn hwian, hwian o hyd;
>
> Bu'n crio bore heddiw
> O hanner nos tan dri,
> Myfi sydd yn colli'n cysgu,
> Mae'r gofal i gyd arnaf fi.

Dyna i chwi ydi model o fam, Mr Cadeirydd. A oes rhywun mor ffôl ag amheu teilyngdod y ferch yna i gael pleidlais? Y mae diogelwch i mi, mor amlwg â'r haul ynghanol Alban Hefin. [225]

Sicr fod y llancesi yma yn meddwl i gyd am ddyfod yn wragedd, ac yn famau maes o law, a hwyrach bydd i'r bwriad hwnnw gael ei sylweddoli yn hanes rhai ohonoch yn fuan. Y mae rheswm yn dweud na hoffai'r un ohonoch wneud cam â'ch plant. Byddwch yn siŵr o ddewis y peth goreu ar eu lles does bosib. Ofni diogelwch y wlad yn wir! Rhoddi gwlad ar seiliau diogelwch a chadarnach wna merched. Credaf mai y merched sy'n myned i wneud y byd yma yn werth byw ynddo. Waeth heb ddisgwyl am y dynion. Methiant truenus ydyw hi wedi bod yn eu hanes hwy erioed. Praw o hynny ydyw yr holl dlodi sydd ein byd heddyw. Praw o hynny ydyw y streics a'r anghydfod sydd ym myd cyfalaf a llafur. Praw o hynny ydyw y 'workhouses' a'r carchardai. A does dim byd yn profi yn fwy eglur i mi mai methiant yw hanes dyn na'r heldrin fawr diweddar. [226] Ystyriwch ferched fod eich cyfrifoldeb yn fawr yn y dyfodol, a bydded i'ch lleisiau chi greu a symbylu diwygiadau gogoneddus yn hanes ein gwlad.

Canmolaf y merched yn fawr am eu hymdrechion a llafur cariad yn ceisio sobri'r byd. Anfynych y clywir gair o sôn am ddirwest gan neb ond Undeb Dirwestol Merched y Gogledd ac Undeb Dirwestol Merched y De. Rhan o Undeb Merched y Gogledd ydyw cangen Dolanog, ac un o'i ffrwythau ydy'r cyfarfod yma heno. Clywir yr un gair o sôn am ddirwest o'r sêt fawr, ac y mae rheswm da paham. Onid oes llu mawr o'r blaenoriaid yn llymeitwyr eu hunain? Ac onid hwy sydd yn hawlio y lle anrhydeddusaf yn synagogau Duw Baccws ar ddiwrnod y ffair? Ac onid hwy sydd yn hawlio y seddau uchaf yn nheml Iôr ar fore Sul? Dywedwch chwi a fynnoch, y mae yr ieuad yn un gwrthyn ac un hynod o anghydmarus. [227] Clywais Weinidog dro yn ôl yn dweud mai blaenoriaid a ffug grefyddwyr ydyw prif golofnau y fasnach feddwol.

Dyn call yw Mr Stanley Baldwin. Gŵyr ef o'r goreu fod y bleidlais yn llawer mwy diogel yn nwylaw merch nac yn nwylaw dyn. Da chwi ferched peidiwch â bodloni ar ddewisiad lleol ynglŷn â'r fasnach feddwol. Mynnwch lwyr waharddiad yn yr un modd â merched America. Cofiwch nad ydyw dewisiad lleol yn ddim ond rhyw gyw o beth. Bydd gennych lawer i wneud yn y dyfodol o barthed sobri Prydain feddw ac rwy'n sicr na fydd neb yn barotach i hyrwyddo achos sobrwydd na merched glân Dolanog.

Fuaswn i ddim yn anghredu nad ydyw y mil flynyddoedd bron ar wawrio, ac y bydd i Satan gael ei rwymo yn fuan ar ôl y lecsiwn nesa. Dyma pryd y bydd cyfiawnder yn cael rhoddi ei droed i lawr gyntaf ym Mhrydain Fawr a disgwyliaf y daw heddwch i lifo drwy y broydd fel yr afon. Yna fe droir y cleddyfau yn sychau, a'r gwaeaffyn yn bladuriau. [228] Na foed i chwi oddef i'r llanciau gael canu; 'There is a long way to Tiperrary' byth mwy. Croch lefwch yn erbyn i waed eich meibion gael ei dywallt ar faes yr heldrin. Onid Hiraethog a ddwedodd:

> Segurdod yw clod y cledd
> A rhwd yw ei anrhydedd.

Gofelwch drwy gyfrwng eich pleidleisiau wyntyllio y bobl sydd â ganddynt ryfel ac yna, mal chwedl Derwenog: [229]

> Ymchwel i ryfel ni raid
> Pan nithir y pennaethiaid. [230]

Dirgelwch mawr i mi na fuasai rhywun wedi meddwl am roddi pleidlais i ferched gannoedd o flynyddau yn gynt. Dywedir fod oes y byd yn chwe mil o flynyddau o leia. Dywed y dysgedigion ei fod yn filoedd o flynyddoedd yn rhagor. A chaniatau mai y rhif blaenaf yw y cywiraf a bod oes pob cenhedlaeth yn drugain a deg o flwyddi, y mae yn bur agos i gant o genedlaethau wedi bod yn preswylio ar y ddaear yn barod. Y peth sydd yn fy nharo i â syndod Mr Cadeirydd, na soniodd neb erioed am roddi pleidlais i ferched hyd yr ugeinfed ganrif. Bûm yn darllen peth ar hanes cenhedloedd cyn y dilyw, ac wedi y dilyw, ond er fy syndod tawedog iawn y bu pawb parthed rhoddi pleidlais i ferched. Does un dyn byw all rifo pa nifer o ferched y byd sydd wedi cael eu claddu yn fyw o ddyddiau Adda hyd yn nawr. [231] Does neb yn ddigon chwimwth wrth ei ddychymyg i daclo y broblem. Dirgelwch mawr i'w gredu ac nid i'w amgyffred a fydd hwn yn hanes pawb o bobl y byd.

Gorchwyl prudd ydyw claddu dyn neu ddynes wedi marw. Ond peth erchydrys o bruddaidd ydyw claddu dyn neu dynes yn fyw. Ond dyna fu tynged yr holl ferched a fu'n byw ar y ddaear o ddyddiau Efa i lawr hyd nes estynnodd Mr Baldwin yr ethol fraint i ferched ychydig fisoedd yn ôl.

Yr wyf yn ddigon hen bellach i gofio lluaws o brif weinidogion yn senedd Prydain Fawr. Cofiaf Gladstone a Disraeli, Lord Salusbury a Lord Rosbery, Campell Banerman a Boner Law, Balfour ac Asquith, Lloyd George a Ramsey McDonald, ond ni welodd neb yn dda o'r rhain a enwyd 'respectio' merch hyd yn oed â phleidlais. Yn eu byw nis gallent weled y merched yn dda i ddim ond golchi y lloriau, glanhau esgidiau, porthi moch, a magu plant. Dyna i chwi syniadau isel am fodau o'r un gwaed â ninnau. Bodau cyfrifol i'r Arglwydd am eu gweithredoedd. Bodau fydd ar gael am dragwyddoldeb. Bodau a fydd, ac â sydd yn moli'r Iôr yn y nefoedd am ei ryfedd drefn i gadw dynoliaeth. Er hyny yr oedd yr holl ddynion a fu yn byw y ddaear o Adda hyd yn awr yn rhy ddall, ac yn rhy ddrwg i ganiatáu i ferch gael llais tuag at godi y pantiau, a gostwng y mynyddau sydd mor amlwg ar hyd ein gwlad.

Can diolch i Mr Baldwin am barchu y rhyw dêg. Dyma y 'Rhyddfrydwr' mwyaf a welodd y byw yma hyd yn hyn. Deddf fawr etholfraint y merched yw y fwyaf ryddfrydig a noddwyd ar ddeddf-lyfrau Prydain erioed.

Anhawdd peidio edmygu gwroldeb Mrs Pankhurst a llu o ferched gwrolfrydig eraill a fu yn arwain cad-gyrch y Suffragetts. Er wedi marw, bydd enw Mrs Pankhurst yn oesi mewn hanesiaeth, a dylai'r pum miliwn merched sydd newydd ddyfod i'w hetifeddiaeth noddi'r colofn o farmor uwch ei bedd. Hi mewn gwirionedd a greodd y syniad mai teilwng yw i ferch gael pleidlais. Anfonodd ddeisebau, a dirprwyaethau i erfyn ar Asquith a Lloyd George am weinyddu cyfiawnder tuag at ferched y deyrnas. Gŵyr llawer ohonoch beth fu y canlyniadau. "Wait and see, wait and see" oedd yr atebiad sarhaus oeddynt yn ei dderbyn yn ôl bob tro. Dau ryddfrydwr gofalus dros iawnderau merch onide? Yn lle rhoddi llais iddynt, cawsant eu carcharu. Rhoddwyd gwysiau allan i'w dal. Cymerwyd hwy o flaen eu salach. Caethgludwyd hwy i Babilion. Rhoddwyd gorchymyn o'r pencadlys i roddi pibellau i lawr eu gyddfau a'u bwydo â 'water gruel'. Dyna i chwi Ryddfrydwyr. Dyna i chwi barch at ferched. Ni chymerai y bonheddwr rhadlon o Landinam mo'r byd am amharchu ei gŵn hela yn y dull yna. 'Shamefull treatment' ynte. Pe buasai y merched yn gofyn am rywbeth afresymol, gallesid maddeu peth iddynt. Doedd y merched yn gofyn am ddim ond cyfiawnder, a rhyddid i fyw ar y ddaear fel bodau dynol. Profa hyn mai cymwynaswyr gwael tuag at ferched a fu llywodraethau yn y gorffennol.

Gŵr ffals yw dyn sydd yn ceisio slicio pen ei gi wedi methu ei grogi. Dyna hanes llu fydd yn ymgeisio am seddau yn y lecsiwn nesaf. Cawn ddigon o brawf ar hyn yn siroedd y Gogledd a'r De yn barod. Ar ôl bod yn cau eu drysau arnoch yn y gorffennol. Deuant atoch yng nghorff y misoedd nesaf yn null ŵyn. Byddant yn ffidl a thelyn yn eich wynebau. Deuant atoch o dan rith duwioldeb, ond cofiwch eu bod yn gwadu ei grym hi. Cymhellant ysgwyd llaw â chwi, a dywedant eu bod yn caru eich lles.

Clywais sôn am ddynion:

> Yn cario dau wyneb o dan yr un cap,
> Mae dyn ag un wyneb yn ddigon o 'chap'.

meddai Derwenog. Ceisiant ddweud mai eu drych feddwl hwy ydyw deddf newydd yr etholfraint. Y maent yn dweud nad ydyw Baldwin yn ddyn gwreiddiol. Copïo oddi ar eu slaten hwy a wnaeth. Y mae ein 'Lib' y mis hwn yn tystio mai eu bil hwy ydoedd yn wreiddiol, a diau y buasent yn ei ddarllen yn y tŷ rywbryd wedi yr atgyfodiad a'r farn. [232] Dywedodd y Barnwr Charles yn y Trallwm y dydd o'r blaen, nad yw 'pack of lies' ddim yn beth 'nice'.

Clywais bregethwr y dydd o'r blaen yn dweud nad ydyw merch mor galled â dyn, ac nid diogel rhoddi pleidlais iddi am y rheswm hwnnw. Gofynnais iddo a ddarllenodd efe hanes y ferch dair ar hugain oed sydd â'i darlun yn 'Nhrysorfa y Plant' y mis hwn. Merch o Gymraes ydyw Frances Willams ac yn enedigol o'r Waunfawr, sef o'r un sir â Mr Cadeirydd. Y mae y ferch amryddawn a enwyd wedi ennill llu ysgoloriaethau colegau yr America, ac wedi llwyddo i fod yn uchaf o'r holl ysgolorion ym mhob cangen o wybodaeth, a cherddoriaeth. Ac nid yw y ferch ieuanc yna ond un esiampl o filoedd o rai cyffelyb. Yr wyf fi yn credu fod mwy o 'quickness' mewn merch nag sydd mewn mab. Onid yw y merched yn gallu troi y meibion o rownd eu bysedd bach, ac yn llwyddo i 'drapio' a dal ugeiniau ohonynt bob dydd o'r flwyddyn? Os rhywbeth, llawn digon 'quick' yw y merched debygwn i.

Buaswn i yn meddwl mai y diogelwch pennaf sydd yn perthyn i ferch deilyngu pleidlais ydw ei theyrngarwch, a'i chydymdeimlad cariadaidd â phawb ac a phob peth. Y mae yn rhaid i ni addef fod y merched yn llawer ffeindiach at ei gilydd na ni y dynion. Pe baem yn darllen ychwaneg ar Lyfr y Llyfrau, buan y deuem i sylweddoli hynny. Ni chlywsom air o sôn fod yr un ferch wedi dweud gair angharedig am Waredwr y byd. Y mae gennym ddigon o hanes dynion yn rhoddi pob anair iddo. Ceisiodd Herod ei ladd pan ydoedd yn faban bach. Y mae gennym hanes am Judas yn ei fradychu a'i werthu. Ac y mae gennym hanes am Pedr yn ei wadu. Onid dynion a fu yn poeri yn ei wyneb, ei gernodi, a'i goroni â drain? Onid dyn a'i collfarnodd i farw? Ac onid dynion a'i hoeliodd ar bren garw y groes?

Nid oes hanes iddo gael dim ond caredigrwydd mawr gan y merched. Onid merch a dywalltodd yr enaint ar ei ben? Onid merch a fu yn golchi ei draed â'i dagrau, a'u sychu â gwallt ei phen? Onid y gwragedd oedd y rhai olaf wrth ei groes? Ac onid hwy oedd y rhai cyntaf wrth y bedd fore y trydydd dydd? Ddim yn ddiogel i ferched gael llais yn wir. Buaswn i yn credu eu bod yn llawer diogelach na dynion.

Hynyna a'r hynna heno.

Mae'r 'Ddadl' yn cyflwyno cyffyrddiad ychwanegol ar ei natur ddeuolaidd rhwng y dwys a'r doniol. Gallwn ddychmygu ein hunain yng Nghapel Saron yn 1928 a'i glywed yn llefaru yn ei arddull werinol ddigymar.

Roedd ôl meddwl ac ymchwil i'w ddadl yn adlewyrchu ei egwyddorion rhyddfrydol, ei safiad cryf fel dirwestwr, ond hefyd ei empathi tuag at wella hawliau merched; er hynny, gwelir dylanwad cwlt yr aelwyd a nodweddion y dyn traddodiadol. Roedd achos y Ddirwest yn treiddio'n gryf trwy'r 'Ddadl' wrth ystyried ei fod yn cyfarch Undeb Dirwestol Merched Dolanog. Gwelir erfyniad ar fenywod i gymryd eu llais o ddifrif gan fanteisio ar gyfleodd iddynt gystadlu gyda dynion, megis fel y gwelwyd maes o law yn achos ei wyresau y prydyddesau gwlad.

Gellir synhwyro effaith athrawiaethau newydd yr oes ar ei feddylfryd, gan gynnwys syniadaeth weriniaethol. Ei reddf naturiol oedd sefyll dros gyfiawnder gan gefnogi'r gwannaf a'r rheini oedd yn teimlo dan ddŵr mewn cymdeithas, nid y ceffylau blaen. Er yn gymdeithasgar ac yn flaengar yn gyhoeddus nid oedd yn awchu am safle cymdeithasol ac mi wrthododd gymryd swyddogaethau trwy gydol ei oes. Nid oedd yn gallu stumogi rhagrith, yn enwedig yng nghyd-destun y Ddirwest, gan gyfeirio at y 'Johnny Fifteens' wrth herio'r blaenoriaid o fewn muriau capel! Mae'r 'Ddadl' yn rhoi cyfle i gael blas ar ei natur wrthryfelgar megis yn ystod ei blentyndod pan adawodd yr ysgol yn gynnar mewn protest; dyma nodwedd a ymddangosai yn aml yn ystod ei fywyd, trwy fod yn wahanol a chicio yn erbyn y tresi.

Mae'r 'Ddadl' yn arwyddocaol am fwy nag un rheswm. Gwelwn ynddi arwyddion fod gafael y Blaid Ryddfrydol arno yn dechrau gwanhau. Defnyddiodd eiriau eithaf dirmygus am y Barwn David Davies o Landinam, Aelod Seneddol Maldwyn: 'Dyna i chwi ryddfrydwyr. Dyna i chwi barch at ferched. Ni chymerai y bonheddwr rhadlon o Landinam mo'r byd am amharchu ei gŵn hela yn y dull yna.'

Ceir hefyd yn y 'Ddadl' awgrymiad iddo ddechrau troi cefn ar yr hen ragfarnau gwrywaidd traddodiadol. Roedd dechrau'r 20fed ganrif yn gyfnod o newid cymdeithasol a diwylliannol sylweddol, a arweiniodd at newidiadau mewn agweddau ac ymddygiad ar draws llawer o wahanol feysydd bywyd wrth ddechrau mabwysiadu normau cymdeithasol newydd. Gall rhywun synhwyro yn ei fyfyrdod y newidiadau yn ei agweddau a'r awydd i wella hawliau merched.

Gellir tybio y byddai Hugh Ellis ar y pryd yn credu yn ei 'Ddadl'. Er hynny, ac i ddiweddu ar nodyn mwy sinigaidd, ni ddylid anwybyddu'r un o resymau am i ddynion gefnogi'r bleidlais i ferched un ar hugain oed, sef y Dirwest. Mi roedd Hugh Ellis a'i gyd-ddirwestwyr yn awyddus i fenywod gael y bleidlais o achos y gred y byddent yn pleidleisio dros waharddiad cyfan ar ddiodydd meddwol, oherwydd credent fod safon foesol menywod yn rhagori ar safonau'r dynion.

---

[220] Rees, A. D. (1971) *Life in a Welsh Countryside*, University of Wales Press.

[221] Rees, A. D. (1971) *Life in a Welsh Countryside*, University of Wales Press.

[222] Gwyryfon – merched ifanc

[223] Johnny fifteen – cyfeiriad at y 15fed Bennod o *Lyfr Ioan*, sef rhywun rhagrithiol hunangyfiawn sy'n ystyried ei hunan fel y 'wir winwydden'.

[224] Rhodd Mam – Catecism Methodistiaid Calfinaidd Cymru yn y 19eg ganrif ar gyfer pobl ifanc.

[225] Alban Hefin – Heuldro'r Haf neu 'Summer Sosltice'.

[226] Heldrin fawr – y Rhyfel Mawr.

[227] Ieuad – uniad.

[228] Sychau – llafnau mawr

[229] Mal – fel, megis

[230] Nithir – gwahanu

[231] Mae'r ymadrodd 'claddu yn fyw' wedi cael ei ddefnyddio fel ffurf i ddisgrifio profiad y 'downtrodden', sef sefyllfa bron mor waethed â bod yn farw.

[232] Y 'Lib' oedd David Davies, Llandinam (Barwn 1af) ac Aelod Seneddol Rhyddfrydol Sir Drefaldwyn.

Hugh Ellis (a'r het bowler ddu),
Eldrydd a Llinos ar riniog y cartref yn Berthfawr

Y Diwedd

Yng Nghofrestr Lloegr a Chymru 1939 ac yntau'n 75 mlwydd oed, fe'i cofnodwyd fel pensiynwr. Fe'i disgrifwyd gan Eluned Davies yn ei hen ddyddiau 'yn gwisgo siwt tweed du, het bowler ddu a byddai'n mynd am wythnos o wyliau i Dywyn yn yr haf i ddiddanu ymwelwyr, mae'n siwr.' [233]

Yn 1937, ac yn 72 mlwydd oed, cafwyd pwt amdano yn y golofn Gymraeg yn y *County Times*:

Ar ôl profiad helaeth ynglŷn ag eisteddfodau a chyfarfodydd cystadleuol am dros ugain mlynedd gorfodir dyn i gredu mai gwanychu a darfod y mae'r diwylliant llenyddol hyd yn oed yn y rhannau Cymreig o'r sir. Bu amser pan y ceid nifer pur dda ym mhob cwmwd a threflan yn ymhyfrydu mewn barddoniaeth ac ymegnio i ddeall cyfrinion cynghanedd ac yn ymorchestu mewn gwneud englyn cywir a thrawiadol. Ond erbyn heddiw ni cheir ond "prin ddau lle'r oedd gynnau gant" chwedl Goronwy. Y mae un o'n hen arwyr yr englyn yn nhiriogaeth Caereinion eto'n aros – Mr Hugh Ellis, Berthfawr, ger Dolanog, gŵr a enillodd ugeiniau o wobrwyon. Enghraifft berffaith a geir ynddo ef o'r hen ddiwylliant llenyddol a nodweddai lawer o ardaloedd Cymru gynt, amaethwr wrth ei alwedigaeth ond bardd rhwng cromfachau a'i adloniant ym myd cân ac englyn. Clywodd y wlad oll rai enghreifftiau o'i ysmaldod yn 'Ymryson y Beirdd' ar y radio wythnos i heno, ond credwn mai balch fydd llawer o'r darllenwyr o weled ei awen yn ei dillad gorau.' [234]

Wrth ystyried ei berfformiad cofiadwy yn 'Ymryson y Beirdd' ar y radio mae'n amlwg nad oedd yn cyfrif ei hun yn bensiynwr o ran y barddoni!

Bu farw Anne Ellis ar y 25ain o Fawrth, 1936. Nid oes gwell ffordd o deimlo'r golled, na thrwy ddarllen y farwnad, sef y 'Llinellau Cof' amdani.

LLINELLAU COF: ANNE ELLIS, BERTH

Pan oedd anian dlos yn gwenu,
Pan oedd côr y llwyn ar ganu,
Gwelsom glaf yn araf wyro
I orymdaith brudd yr amdo.

Hawdd oedd darllen ar ei gruddiau
Hanes bedd a diwedd dyddiau;
Gwelsom hefyd lawer adnod
Am esbonio maes y bennod.

"Lady Day" sydd ddydd a gofiwn,
Ond ei garu'n gu nis gallwn;
Dyma'r dwthwn y cymeryd
Un siriolai lys yr aelwyd.

Daeth yr awr, a daeth yr alwad,
Nid oedd modd osgoi y gennad;
Croesodd rym y don yn dawel,
Dringo wnaeth i wlad yr angel.

Torri draws y cyfamodau
Wnaeth y gelyn olaf – angau;
Aeth â hi o'r clwm daearol
I briodas fwy ysbrydol.

Gadael plant, a gadael priod,
Gadael nithoedd, gadael neiod;
Gadael wyrion, ac wyresau
Yn nos diroedd anhawsterau.

Gwag yw'r gadair ac yr aelwyd,
Dyma'r ffaith er gofid brofwyd;
Ni ddaw'r un fu'n siglo, siglo,
Er ein siom ddim atom eto.

Ym mhriddellau mynwent Bethel,
Huno mae yn dawel, dawel;
Huned mwy hyd ddydd y codi,
Gwir lonyddwch heddwch iddi.

Dydd Cyfarchiad Mair Forwyn (Lady Day) yw'r enw traddodiadol ar yr ŵyl a ddethlir ar y 25ain Mawrth, ac sy'n coffáu ymweliad yr archangel Gabriel â'r Fendigaid Forwyn Fair, pan ddywedodd wrthi mai hi fyddai mam Iesu Grist. Felly, roedd yn ddealladwy iddo weld y symbolaeth ysbrydol o golli Anne Ellis ar 'Lady Day'.

Gwnaeth John Ellis Lewis, Moeldrehaearn, ddatgan i Arwyn Groe yng ngholofn 'Difyr yw bod ... efo'r Beirdd' mai hon oedd ei hoff gerdd:

Roedd Anne Ellis yn perthyn – roedd hi'n hen fodryb i mi – ac mae hynny'n siŵr yn un o'r rhesyme y tales i gymaint o sylw i'r gerdd yma ar y cychwyn. Naw oed oeddwn i ar y pryd, ac mi ddysges i'r penillion i gyd ar fy ngho' – ac ar 'y ngho' i maen nhw byth. Fel'ny yr adroddes i nhw i'r colofnydd 'ma rhyw 71 mlynedd ar ôl eu dysgu nhw! ... Ryw feddylie fel'na sy gennai wrth ddwyn y gerdd yma yn ôl i go'. Hynny, a chlywed llinelle'r gerdd yn clecian, a rhyfeddu at y cynganeddu cry' yn llinell ola pob pennill – er mai cerdd yn y mesur rhydd ydi hi fel arall, debyg iawn. [235]

Fe ysgrifennodd y cwpled isod i Anne Ellis, sydd ar y garreg fedd.

Wedi'r amdo, wedi'r ymdaith
Y bedd ydyw diwedd y daith.

Bu iddo fyw am 16 mlynedd pellach ar ôl marwolaeth Anne Ellis. Yn aml iawn o fewn y cyfnod hwnnw byddai'n myfyrio ar ei brofedigaeth a'i golled.

Hedodd fry o'r llety llwch,
Diweddodd mewn dedwyddwch.

Yn hardd a theimladwy ond yn cyfleu sicrwydd dwyster diweddglo bywyd, mae'r gerdd 'Diwedd Blwyddyn' yn dymhorol ei naws, yn ymwneud â'r ddaear a byd natur, ac yn driw i'w steil fel prydydd gwlad.

DIWEDD BLWYDDYN

Diwedd Blwyddyn hawdd dy ganfod
Yn dynesu yn dy rym,
Oer dymhestloedd sydd yn dyfod
Trodiant draws y fro yn llym;
Grymus deyrn, neu arch ddinistrwydd
Wyt ar dlysni anian fawr,
Ei choronau glân ysblennydd
Fethri'n chwilfriw hyd y llawr.

Er i'r gwanwyn drwsio'r gwledydd
Gyda blodau tlysion fyrdd,
Er i'r tesog dyner hafddydd
Wisgo'n bro mewn melfed gwyrdd;
Diwedd blwyddyn ddaw mor feiddgar
Gyda llym dinistriol lu,
Buan tery hwynt ar wasgar
Oll i fro y gaeaf du.

Tra yn syllu fy ngolygon
Ar y ddôl neu lethrau'r fron,
Y mae anian a'i phrydferthion
Oll yn marw ger fy mron;
Yn y wig tu cefn fy annedd
Chwery'r gwynt gan ruo bas,
A dinoetha mewn dialedd
Chwyrn i law ei choron las.

Darlun yw o Hydref einioes
Pan fydd tegwch byd yn ffoi,
Hwythau stormydd glyn y dirloes
O fy amgylch yn crynhoi;
Blodau bywyd yn diflannu,
Llesgedd yn ymdroi fy mron,
O! am noddfa glyd i lechu
Pan yng ngrym y storom hon.

Fe ddwedodd lawer gwaith ei fod yn ofnus o golli ei glyw. Y clyw oedd yn caniatáu iddo sgwrsio a mwynhau sain y gynghanedd, ond daeth y cyfleoedd i sgwrsio a chwrdd â phobl yn llai ac yn llai wrth agosáu at ddiwedd ei fywyd. Roedd y teulu agos yn wybyddus o'i flinder a'i unigrwydd yn ei hwyr ddyddiau. Daeth yr hiraeth yn fwyfwy amlwg ar ôl colli cwmnïaeth ei gymar, ei hen ffrindiau a'r frawdoliaeth ymysg y beirdd. Yn anffodus, ni welodd y wyrion ieuengaf y taid hwyliog, direidus a rannai straeon; erbyn y blynyddoedd diwethaf o'i fywyd, roedd yn egwan ac yn eistedd yn ddistaw bach yn ei gornel o dan y fantell o fewn yr aelwyd.

ANGAU [236] [237] [238] [239]

Gelyn erch y galon yw – yr Angau,
Oer ingoedd dynolryw;
Dôr i bawb o dir y byw,
Nos Sadwrn einioes ydyw.

Bu farw ar 28ain Ionawr 1952. Rhoddwyd cofiant teilwng iddo yn y *Faner*:

Ym marwolaeth Hugh Ellis, y Berthfawr, Dolanog... collwyd un o frodorion hynaf yr ardal, ac ef yn 86 mlwydd oed. Yr oedd yn ŵr hynod ar lawer cyfrif. Amaethwr ydoedd, ond nid y ffarm oedd yn myned â'i fryd, ond barddoniaeth, llên a chanu. Ni chafodd fawr o fanteision dysg ym more'i oes, ond trwy ddarllen a myfyrio llwyddodd i ddiwyllio ei feddwl yn dra helaeth. Yr oedd yn hyddysg ym myd y gynghanedd, a chyfansoddodd nifer mawr o gywyddau, englynion a darnau eraill, llawer ohonynt yn fuddugol mewn eisteddfodau. Meddai gof cryf a diddorol oedd ei atgofion am gewri'r pulpud, beirdd, llenorion, arweinwyr gwladol, a chymeriadau hynod yr oes o'r blaen. Yr oedd elfen gref o'r digrifol yn ei natur, ond o dan hynny yr oedd haen o ddifrifwch a ddeuai'n amlwg mewn cylch bychan ar yr aelwyd. Enghraifft wych oedd ei feddwl o'r hyn a elwir heddiw yn 'ddiwylliant cefn gwlad'. Bu yn ddarllenydd cyson o'r 'Faner' am y rhan helaethaf o'i oes, a glynai'n dyn wrth ei egwyddorion fel Rhyddfrydwr. Rhoed ei farwol ran i orffwys ym Mynwent Gyhoeddus Llanerfyl, Ionawr 30, yng ngŵydd tyrfa fawr a ddaeth ynghyd er garwed yr hin. [240]

Cafwyd cofiant arall gyda geiriad tebyg gan yr un awdur yn y *County Times* ond gyda'r geiriau ychwanegol hyn:

Cymro ydoedd o natur ac anian a mawr oedd ei gariad at ei genedl yn ei phethau gorau. Parhaodd i ddarllen a llenydda nes methu gan lesgedd, ac erys atgofion amdano yn hir gan y rhai a'i hadnabu. [241]

Roedd y weithred o gyfansoddi cwpled iddo'i hun i'w rhoi ar ei garreg fedd yn adlewyrchu nodweddion chwareus ei gymeriad unigryw, hyd at y diwedd!

Caf farw, ac o caf orwedd,
Diolch byth am dawelwch bedd.

Anfonwyd llythyr o gydymdeimlad i'r Berthfawr gan David Williams (Dewi Glan Banw), ac ynddo englyn er cof teilwng i'w ffrind.

Dyn o gyfoeth dawn a gofiaf – hoenus
   Fel awenydd dwysaf;
  Aeth i bridd, cydymaith braf,
  Am Hugh Ellis mi wylaf.

David Williams (Dewi Glan Banw)

Ymddangosodd dau englyn er cof yn y golofn Gymraeg yn y *County Times* ar yr 8fed Mawrth 1952 gan brydydd gwlad arall o'r un haen â Hugh Ellis, gyda'r cyflwyniad:

Trist yw meddwl fod y bardd o'r Berth yn ddistaw – neu a ydyw? Rhoes bleser i gannoedd â'i awen gref a pharod... tlws yw teyrnged un hen fardd i'r llall. Diolch i Ddofwy amdani. [242] [243]

HUGH ELLIS
(Y BERTHFAWR – UN O'M FFRINDIAU CYNNAR)

Hyglod mewn byd ac eglwys – fu e', [244]
   Hefo'i awen gymwys;
  O roi ei gorff i orffwys,
  Rhowd doniau gwir tan y gwys.

Hen ardalwr di elyn – a'i hiwmor
   Yn dwym a di-wenwyn;
  Er ei gloi tan ar y glyn
  Ni ddaw angladd i'w englyn.

Richard Jones (Dofwy)

[233] Davies, E. (dim dyddiad) *I Remember*.

[234] MCTSMWA (1937) 'Beth Ddywed y Bobl a'r Papurau', *The Montgomeryshire County Times and Shropshire and Mid Wales Advertiser*, 11eg Ebrill 1937.

[235] Groe, A. (2008) 'Difyr yw bod...efo'r Beirdd', *Plu'r Gweunydd*, Mawrth 2008.

[236] YN (1902) 'Angau' ac 'Y Dywysen', *Y Negesydd*, 21ain Mehefin 1902.

[237] BAC (1901) 'Angau' ac 'Y Dywysen', *Baner ac Amserau Cymru*, 17eg Ebrill, 1901.

[2378] *Awen Maldwyn* (1960) Cyfres Barddoniaeth y Siroedd, Llyfrau'r Dryw.

[239] BAC (1901) 'Arolygwr yr Ysgol Sul', 'Euogrwydd' ac 'Angau', *Baner ac Amserau Cymru*, 17eg Ebrill 1901.

[240] BAC (1952) 'Marw Ffermwr Llengar', *Baner ac Amserau Cymru*, 13eg Chwefror 1952.

[241] MCTSMWA (1952) 'Farmer Poet and Artist, Death at Dolanog of Mr. Hugh Ellis', *The Montgomeryshire County Times and Shropshire and Mid Wales Advertiser*, 16eg Chwefror 1952.

[242] *Awen Maldwyn* – Cyfres Barddoniaeth y Siroedd (1960), Llyfrau'r Dryw, t. 133: 'JONES, Richard (Dofwy) (1863 – 1956) – Ganed yn Frongoch Cemaes. By'n rhaid iddo adael ysgol yn 12 mlwydd oed i weithio adre ar y fferm. Yn ddiweddarach bu'n ffermio am 76 mlynedd yng Nghwmrheidiol, Cwmlline. Meddai ar ddoniau llenyddol a cherddorol anghyffredin. Enillodd am awdl 'Y Bedd' yn Eisteddfod Gwynedd yn 1902 ac enillodd ugeiniau o wobryon am englynion a thoddeidiau mewn eisteddfodau ar hyd ac ar led Cymru am gyfnod o 70 mlynedd.'

[243] MCTSMWA (1952) 'Hugh Ellis (Y Berth Fawr – un o'm ffrindiau cynnar)', *The Montgomeryshire County Times and Shropshire and Mid Wales Advertiser*, 8fed Mawrth 1952.

[244] Hyglod – clodfawr, enwog, gogoneddus.

Gweddillion

Cyflwynir holl gerddi gwybyddus Hugh Ellis yn y gyfrol hon. Er methu canfod lle i'r englynion isod ynghanol hanes ei fywyd, maent yr un mor deilwng i'w cynnwys, gan i rai ohonynt ddod yn fuddugol mewn cyrddau llenyddol ac eisteddfodau.

CEILIOG GWYNT [245]

Cywrain fyneglys corwynt – dry ei ben
        Draw i bwynt awelwynt;
    Ca oriog lwybrau curwynt
    Eu gwylio gan Geiliog Gwynt.

CYNGOR PLWYF [246]

Goludog ethol fwrdd gwladol – ydyw'r
        Cadarn gyngor plwyfol;
    Hwn â'i ryddid yn raddol
    Eilw i ni'n hawliau n'ôl.

CWSG

Balm i adfer blinderon – yw cwsg rhad,
        Cysegr hedd dynolion;
    I fod llesg rhyw wynfyd llon
    Yw bro ddedwydd breuddwydion.

DEIGRYN

Gofidus aeth gyfyd o siom, – neu lanw
        Gorlawenydd – ynom,
    Llif hyd rudd wedi llef drom
    Dryswch ar daen drosom.

FFENESTR

Morwyn hardd mewn mur i ni – yw'r ffenestr
   Hoff enwog yn gweini;
  Goleuni llon, gwawl yn lli
  Rhad treiddiol a red trwyddi.

MORTHWYL

Un parod at y perwyl – o daro
   Yw y durol forthwyl;
  Oi warchod yw ei orchwyl,
  Cura ef mewn cywir hwyl.

TÂN MAWN

Hynod elfen geir mor 'sblennydd – allan
   O byllau'r mawnogydd
  Yw'r tân mawn, rhadlawn wres rhydd
  I oludo'n haelwydydd.

Y LLOER

Llusern wen bro'r wybrenus – gwiw lewyrch
   Yn goleuo'r gwledus;
  Nos blaned lân ysblenus
  Yw lloer deg r'un lliw â'r dys.

Y NODWYDD

Morwyn siriol, lem ei cholyn – ydyw
   Y nodwydd fain, sillyn;
  Hi weithia bob yn bwythyn
  Wasgod hardd i wisgo dyn.

YR ANNWYD [247]

Yr annwyd, nid oes erwinach – benyd
   I boeni yr afiach;
  Amhura ben, mawr a bach
  O'i grygni sydd yn grwgnach.

YR WYLAN

Am arlwy rhodio'r morlan – myn brofi
   Mân bryfaid geulad gyfan;
  Heblaw môr – llawn o blu mân
  O wawr oleu yw'r Wylan.

---

[245] BAC (1890) 'Ceiliog Gwynt' *Baner ac Amserau Cymru*, 27ain Rhagfyr 1890.
[246] YL (1896) 'Cyngor Plwyf', *Y Llan*, 24ain Ebrill 1896.
[247] BAC (1904) 'Yr Annwyd' a 'Goruwchystafell', *Baner ac Amserau Cymru*, 8fed Mehefin 1904.

Yr Epilog

Mae dylanwad Hugh Ellis wedi aros yn gryf yn y cof teuluol yn bell ar ôl iddo farw yn 1952 oherwydd roedd yn ddyn anhawdd i'w anghofio. Oddeutu 1960, cynhaliwyd Noson Lawen yn y Berthfawr i godi arian i Blaid Cymru lle adroddodd wyres iddo – un o'r tair chwaer o Bentre Bach – ei phenillion i'r achlysur.

NOSON LAWEN Y BERTH

Dyma ni yn griw o Gymry
Wedi casglu'n gwmni llon,
Ac yn profi o gynhesrwydd
Yr hen aelwyd hapus hon.
Lle bu'r doniol hoff Hugh Ellis
Gyda'i ddawn a'i stori ffri
Yma eto mae ei dylwyth
Gyda'u dawn i'n swyno ni.

Mae Plaid Cymru yn ymroddgar
Er mwyn gwella Cymru fad.
Gwynfor Evans a fu'n gweithio
Er cael senedd yn ein gwlad.
Pwy na ŵyr na fydd Trefaldwyn
Yn cefnogi'r enwog Blaid,
A bydd teulu'r Berth yn sicr
O'i chefnogi er mwyn Taid.

Rhaid yw cadw hanes Cymru
Eto i chwifio yn y gwynt
Er i'r Saeson geisio'i threisio
Wrth ddod yma ar eu hynt.
Dyma'r Blaid sy'n gwneuthur hynny,
Rhaid eangu drwy y wlad,
Er cael [pleidlais] i'r Cenhedloedd [248]
Na fydd Cymru mewn sarhad.

Gwladys Williams

---

[248] Pleidlais – roedd gair ar goll yn y pennill olaf o'r copi ysgrifenedig ac awgrymir 'pleidlais' er mwyn cwblhau'r llinell.